Compact
コンパクト版 保育者養成シリーズ

谷田貝公昭・石橋哲成 [監修]
高橋弥生・大沢 裕 [編著]

教育・保育課程論

一藝社

監修のことば

　江戸時代が終わり、明治になって1875(明治8)年、京都に柳池校付属の「幼稚遊戯場」ができましたが、これは1年半ばかりで廃止されてしまいました。よって、一般には、翌1876(明治9)年に創立された東京女子師範学校附属幼稚園が、日本における最初の幼稚園と言われています。それからすでに140年になります。日本最初の保育所は、1890(明治23)年、越後の国(新潟県)に誕生しました。赤沢鍾美が自宅に「新潟静修学校」という私塾を設け、青少年の教育に携わりましたが、生徒の中には、乳幼児を背負ってくる貧家の子も多く、見兼ねた妻の仲子が乳幼児を保育するようになって赤沢保育園が始まったと言われています。保育所の歴史もすでに126年が過ぎたことになります。

　このように幼稚園も保育所(保育園)も、すでに100年以上の歴史を有しますが、長い間「幼稚園」は文部省、「保育所」は厚生省の管轄下に置かれ、今なお、役所の名前は変わったものの、それぞれ文部科学省と厚生労働省の管轄下に置かれています。しかも、幼稚園で働く人には幼稚園教諭免許が、保育所で働く人には、保育士資格が求められ、同じ幼児教育に携わるのに、違った免許や資格が求められてきました。

　しかし、幼稚園も保育所も同じように、幼児の心身の円満なる発達を願っての営みであることには変わりありません。この2つの保育施設がなんとか一つにならないものかと「幼保一元化」の動きが出てきたことも周知の事実です。この動きは、社会環境の変化とともにしだいに大きなうねりとなり、2006(平成18)年、「就学前の子どもに関する教育、保育等の総合的な提供の推進に関する法律」(「認定こども園設置法」)が成立して、「認定こども園」が誕生するに至りました。

長い伝統を持つ幼稚園や保育所の制度が完全に解体されることはないでしょうが、今後、この2つの機能を併せ持つ「総合こども園」の構想もありえますし、さらには、また違った幼児教育施設の構想がなされていくかもしれません。しかし、どんなに時代が変わり、幼児教育制度が変わろうとも、その制度を生かすも殺すも、それは保育者の資質しだいであり、幼児教育の成否は、保育者の優れた資質能力に負うところが大きいと言わねばなりません。

　この「コンパクト版保育者養成シリーズ」は、幼児の心の分かる保育者の育成を願って企画されたことは言うまでもありませんが、今回「コンパクト版」と銘打った理由は、大学の半期の授業に合うよう15章立てとし、1章9～10ページ、全体でも150～160ページに圧縮するという編集方針をとったことによります。1章の内容を1コマの時間で学べるように、必要不可欠な事項について簡潔明瞭な説明を旨とするよう努めたつもりです。多くの保育者養成機関でのテキストとして、また保育現場の先生方には研修と教養の一助として使用されることを強く願っています。

　最後になりましたが、監修者の意図を快く汲んで、本シリーズの刊行に全面的に協力をいただいた一藝社・菊池公男社長、また編集作業を担当してくださった藤井千津子さんに深く感謝いたします。

　2017年3月吉日

監修者　谷田貝公昭
石橋　哲成

まえがき

　保育という営みは、保育現場の外からでは中身が非常に見えにくい。小学校以上の教育とは違い教科書があるわけではないので、保育現場での活動が外に見えるのは運動会や発表会など、大きな行事くらいではないだろうか。そのため、いまだに幼稚園や保育所は子どもたちが毎日遊んでいるだけで、そこの保育者も子どもと一緒に遊んで、子どもが帰ったら仕事も終わる、と思い込んでいる人がいるようである。しかも、子どもと遊ぶことは楽なこと、たかが子どもだから簡単に関われる、という考えの人もまだまだ多いのである。

　しかし、保育はそのように簡単なものではないことを、この本を手にしている方なら十分承知していることと思う。特に幼稚園や保育所、認定こども園のような保育現場において展開される保育は、さまざまな専門知識と専門技術、さらに豊かな感性と誠実な人間性を備えた専門家によって行われる専門的な営みなのである。

　本書は、その専門性の一つである保育の計画について学ぶための本である。そして、最終的には自ら保育の計画を立て、実践できるようになることを目指している。実習につながる内容であると共に、将来保育者となったときにも身に付けておいてほしい基本的な事柄を多く含めたつもりである。有効に活用していただければ幸いである。

　幼稚園教育要領、保育所保育指針および幼保連携型認定こども園教育・保育要領は、平成30（2018）年に改訂される。そこでは、乳幼児期の保育に対する考え方の基本は変わらないが、「幼児期の終わりまでに育って欲しい姿」として10項目が挙げられることになる。となれば、それぞれの年齢や時期の活動がどのように「10」の姿につながっていくの

かを考えながら保育の計画を立てる必要があるだろう。ゆえに平成30年以降は、保育の計画や具体的な指導計画の書き方に変化が生じる可能性が高い。しかし、計画に関する基本的な考え方は変わらないはずである。安心して基礎を身に付け、改訂後に対応できるよう備えていただくことを願っている。

　最後に、本書の出版に快く応じていただいた一藝社の菊池公男社長、編集・校正に大変ご尽力いただいた同社の藤井千津子さんに心より御礼申し上げたい。

　2017年3月吉日

　　　　　　　　　　　　　　　　　　編著者　高橋弥生
　　　　　　　　　　　　　　　　　　　　　　大沢　裕

もくじ

監修のことば 2
まえがき 4

第1章 教育課程・保育課程とは

第1節 教育・保育課程（カリキュラム）の意味と特徴 9
第2節 教育・保育課程の歴史 10
第3節 教育・保育課程の必要性 12
第4節 編成の基本 14

第2章 保育における指導計画

第1節 保育における指導計画とは 18
第2節 指導計画の種類 19
第3節 教育・保育課程と指導計画の関連 20

第3章 指導計画作成の基本

第1節 指導計画の基本 27
第2節 計画作成の手順 29
第3節 幼稚園・保育所・認定こども園それぞれの計画の特徴 33

第4章 計画に必要な子ども理解

第1節 子ども理解とは 36
第2節 子ども理解の視点 40
第3節 計画と環境構成──子ども理解との関連で 42

第5章 幼稚園における教育課程と指導計画

第1節 教育課程と幼稚園教育要領 45
第2節 幼稚園における教育課程編成の実際 48
第3節 幼稚園における指導計画の実際 51

第6章　保育所における保育課程と指導計画

　　第1節　保育所保育指針と保育課程　*54*
　　第2節　養護と教育を踏まえた保育の計画　*56*
　　第3節　指導計画作成の特徴と自己評価　*59*

第7章　認定こども園における教育・保育課程と指導計画

　　第1節　幼保連携型認定こども園　*63*
　　第2節　幼保連携型認定こども園の教育・保育課程　*64*
　　第3節　認定こども園の一日の流れ（デイリー・プログラム）　*66*
　　第4節　指導計画の立案　*68*
　　第5節　指導計画作成の留意点　*69*

第8章　0歳児の指導計画

　　第1節　0歳児クラスで作成すべき指導計画　*72*
　　第2節　個別の指導計画の必要性　*75*
　　第3節　0歳児の指導計画における保育者の配慮と留意点　*78*

第9章　1～2歳児の指導計画

　　第1節　1～2歳児の指導計画とは　*81*
　　第2節　留意点　*84*
　　第3節　遊びと環境　*85*
　　第4節　基本的生活習慣　*86*
　　第5節　3歳児へのつながり　*88*

第10章　3～5歳児の指導計画

　　第1節　保育の計画の捉え方と理解　*90*
　　第2節　3歳児の指導計画　*91*
　　第3節　4歳児の指導計画　*93*
　　第4節　5歳児の指導計画　*94*

第11章　小学校へのつながり

第1節　接続期をめぐって　*99*
第2節　連携の具体的な方法　*104*

第12章　行事を生かす保育

第1節　保育における行事の意味　*108*
第2節　行事のための計画　*112*

第13章　さまざまな保育方針と教育・保育課程

第1節　環境を生かした保育　*118*
第2節　見守る保育　*120*
第3節　自由保育　*122*
第4節　宗教に基づく保育　*123*
第5節　異年齢保育　*124*

第14章　児童福祉施設における計画と評価

第1節　児童福祉施設における計画　*126*
第2節　計画の評価と見直し　*133*

第15章　保育の質を高める計画と評価

第1節　計画と評価の関係　*135*
第2節　評価の方法　*138*
第3節　学校評価の3形態　*139*
第4節　保育カンファレンス　*142*

監修者・編著者紹介　*144*
執筆者紹介　*145*

第1章　教育課程・保育課程とは

第1節　教育・保育課程（カリキュラム）の意味と特徴

　乳幼児が家庭から離れて集団で過ごす幼稚園、保育所、認定こども園や児童福祉施設には、教育課程や保育課程が各施設で編成され、それをもとに日々の活動を計画し実際に展開している。保育という営みは家庭でも行われているが、ここでいう教育課程・保育課程やそれに基づく計画は、専門性を有した保育者による保育のためのものであり、それが家庭とは違う専門的な子どもの施設であるゆえんであろう。

　教育課程とは、教育目標に向けて編成された教育内容のことである。学校教育法、学校教育法施行規則、学習指導要領などにより、全ての学校で編成することが義務付けられている。課程（カリキュラム）とはラテン語のクレレ（currere）を語源としており、その意味は走路・コースのことである。つまり、一定の教育目標を達成するために、卒業までの教育内容を意味のある順序で並べたもので「その道を進むことで卒業時に目標を達成することができる」というものである。幼児教育の場である幼稚園は学校に位置づけられているので、当然のことながら教育課程を編成することが義務付けられている。

　保育所に関しては、2008年告示の保育所保育指針により教育課程と同義の保育課程を編成することが義務付けられた。そのため2008年以降は、幼稚園であろうと保育所であろうと、各園で教育課程や保育課程を編成していなければならないとされている。さらに、2014年告示の幼保連携

型認定こども園教育・保育要領においても、「家庭及び地域の実態に即応した適切な教育保育の内容に関する全体的な計画を作成するもの」としており、教育課程の作成を義務付けている。

ただし、幼稚園・保育所などの教育・保育課程と小学校以上の教科内容を編成した教育課程とは、その内容に大きな違いがある。小学校以上の学校は教科中心の教科カリキュラムであるのに対し、保育現場におけるカリキュラムは、園生活全体を見通してその健全な発育を促進するために好ましい経験を編成した経験カリキュラムである。乳幼児の保育は環境を通して行われるものであるので、乳幼児が主体的に環境に働きかけることによりさまざまな経験をし、そしてその経験により子どもたちが自らの力で育っていけることを目指している。つまり経験カリキュラムとは、入園から卒園までの在園期間に、各園が目標とする望ましい子どもの姿を目指して、どの時期にどのような経験をすることが良いのかを編成したものなのである。

第2節　教育・保育課程の歴史

1 教育課程の歴史

幼稚園教育要領が初めて制定されたのは昭和31年（1956年）である。そこには教育課程という用語は登場しないものの、現在の教育課程や保育計画を作成するにあたっての基本的な考え方が「各幼稚園では地域や幼児の実情から、さきに述べた内容のうちから、どのような経験を選び、またどのような形で幼児に経験させたらよいかについてくふうしなければならない。そのためには、どうしても指導の計画を立案し、望ましい経験の組織を構成する必要がある。」と示されている。また、「幼稚園の教育が、小学校や中学校のように、はっきり教科を設けて系統的に学習

させるやり方とは違い、全体的、未分化的に生活を指導する形で行わなければならない」とし、その理由として「総合的という名のもとに、計画なしに指導が進められたならば、学期や学年の終りになって、指導が片寄っていたり、時間がむだに使われていたりすることに気づくことが多いであろう」と記しているのである。そして具体的な留意点として発達に促していることや、個人への配慮、環境構成、小学校のつながりなど、11項目を挙げている。現在の教育課程の根本がすでにあったことが理解できるだろう。

　昭和39（1964）年に改訂された幼稚園教育要領には、教育課程という用語が使用されている。現在施行されている幼稚園教育要領と同じ第1章総則2に「教育課程の編成」として記されている。基本的な考え方は現行の内容と近いもので、教育基本法や学校教育法などに示すところに従い、幼児の心身の発達や地域の実情に応じた教育課程を編成するように求めている。その後の平成3（1991）年および平成12（2000）年の改訂においてもほぼ同様の内容となっている。

　平成20（2008）年の改訂では、預かり保育を多くの幼稚園が行うようになったという状況を踏まえ、教育課程に係る教育時間以外の時間に行う教育活動について、つまり預かり保育の時間についても、計画的な保育を行うことを規定する内容が含まれるようになった。

2　保育所保育指針

　昭和40（1965）年、厚生省児童家庭局から初めて保育所保育指針が刊行された。この時から平成11（1999）年の保育所保育指針まではガイドラインという位置づけであり、法的な拘束力はなかった。しかし最初の保育所保育指針は、年齢別の発達や指導計画の項目についても提示され、指導計画の項目も提示されていることから、これを見れば指導計画もすぐにできるようになっている内容であった。

　平成2（1990）年の改訂では第11章「保育の計画作成上の留意事項」

において、保育所では入所している子どもの生活全体を通じて、保育の目標が達成されるように、全体的な「保育計画」と具体的な「指導計画」とからなる「保育の計画」を作成することとなっている。新しく「保育計画」と「保育の計画」という言葉が使われるのである。ここで使用された保育計画とは、幼稚園教育要領の教育課程と同義である。また、それに基づいた長期の指導計画と短期の指導計画を作成することが示されている。この内容は次の改定である平成11（1999）年にも大きな変化はない。

　平成20年の保育所保育指針は、初めて告示化され、法的な拘束力を持つものとなった。また、それまでの「保育計画」を「保育課程」とし、各園で編成することが義務付けられた。これまで「保育計画」を持たなかった保育所もあったが、この改定によりどの保育所もかならず保育課程を編成し、全職員がその内容を十分理解したうえで、計画的に保育が展開され、保育の質を高めることが求められるようになったのである。

第3節　教育・保育課程の必要性

1　発達課題の欠落を避ける

　乳幼児期の子どもは、心身の両面から飛躍的な成長を遂げていく。そこには順序性や方向性といった一定の順序や法則が存在することは周知である。子どもは、一人ひとりの発達段階にそった発達課題を獲得しながら成長していくのである。そして保育者は、その発達課題を獲得するための環境を整え、援助していくのである。ゆえに、その環境を考える際には子どもの発達課題を無視はできないだろう。そのため、教育・保育課程にはどの時期にどのような環境を設定し、それにより何を経験し、どのような発達を目指すのかということが示されていることが大切であ

る。それらを基に各々の保育者が具体的な保育計画を立てることにより、子どもの育ちに必要な発達課題の欠落を避けることができるのである。

2　共通理解のもとでの保育

　保育現場の主役は子どもであることに間違いはないが、子どもたち一人ひとりが安心して過ごすには、子どもたちに関わるさまざまな大人や組織の存在が大きいものである。子どもたちと直接関わる機会が最も多いのは保育者である。ただし、担任のみが関わるわけではないので、複数の保育者、または園の保育者全員が子どもの育ちを支えることになるだろう。その際、保育者によって保育に対する考え方が違っていては、子どもにとって大きな混乱の元になる。

　また、幼稚園や保育所での生活が充実したものになるには保護者の理解と協力は欠かせない。もし、保護者が園の保育内容に不安を持てば、その子どもも当然不安になり、自発的な活動の妨げになる可能性が高い。そのような不安を抱くことがないように、入園時には保護者に自園の教育・保育課程をきちんと理解してもらうことが大変重要なことなのである。

3　正しい子ども理解をする

　乳幼児期の心身の発達については、保育者は当然のことながら専門知識を持っているはずである。そしてその知識の上に経験を重ね、子どもに対する理解を一層深めていくのである。しかしながら、時にはこれまでの経験による知識に頼りすぎて、実際の子どもの姿や発達の状況を見過ごしてしまうこともある。ややもすると、保育者の都合に合わせて子どもの姿を理解しようとすることを、無意識のうちに行っている場合もあるのである。そのようなことに陥らないために、教育・保育課程をもとに子どもの発達の道筋を確認し、目の前の子どもの姿と照らし合わせて子どもに対する正しい理解をすることが必要であろう。それにより、

先を見通した子どもの発達を考え適切な援助が行えるのである。

4　環境の効果を最大限に生かす

　学校教育法などにも明示されているように、保育は「適当な環境を与えて」展開されるものである。しかし、その効果を十分に生かすには、先を見通した計画がなくてはならないだろう。発達に適した環境がなければ子どもが自分の力を存分に発揮することは望めない。そのため、保育者は子どもの育ちの少し先を見越した環境を用意する必要がある。また、自然のもたらす恵みを有効に保育に生かすにも、保育者の意識が働いていなければ不可能である。そのためにも、長期の見通しを持った教育・保育課程は重要な役割を果たすのである。

第4節　編成の基本

1　基盤となるもの

　教育・保育課程を編成する際に基盤となるものは、幼稚園教育要領や保育所保育指針・幼保連携型認定こども園教育・保育要領に記載されている内容である。これは告示されたものであり、幼稚園などの子どもの保育施設においてその内容を無視して保育内容を決めることはできない。ゆえに、まずはこれらの記載内容を十分把握しておく必要がある。
　さらに、地域の状況や子どもの実情にも着目しなくてはならないだろう。近年の子育てに関する社会環境は急速に変化している。保護者の抱える不安や子育てに対する考え方もさまざまであるし、少子化が及ぼす影響も大きい。それらの現状を踏まえずして教育・保育課程を編成して、子どもの実像からかけ離れたものになってしまわないように考慮すべきである。

2 乳幼児期の発育・発達を捉える

　教育・保育課程を編成する際には、対象となる乳幼児期の発育・発達を捉えておく必要がある。心身の発達がどのように進み、在園中に子どもの何を育てるのかが、明確に示されていなければならないだろう。

　保育所は0歳の乳児から入所している。その段階の子どもにとってもっとも必要であるのが保育者との愛着であり、守られているという安心である。その上で初めて自我が芽生え、自発的な行動が出来るようになるのである。ゆえに、乳児段階の保育課程は、子どもが自発的に活動に取り組めるようになるまでの道筋が描かれているべきである。さらに幼児期から卒園までの保育課程には、心身の健全な発達を基礎に、社会性、道徳性を培う内容となるだろう。保育所保育指針の第2章「子どもの発達」を念頭に置きつつ、保育所保育の特性を踏まえて保育課程を編成することが望まれる。

　幼稚園は満3歳から小学校就学前の子どもたちの保育を行う場である。保育所に比べ保育時間が短い幼稚園の場合、同じ3歳児でも保育内容には違いがあるだろう。しかし、やはり発育・発達の特性を捉えなければならないことは同じである。幼稚園教育要領の第1章「第2　教育課程の編成」の1には、「自我が芽生え、他者の存在を意識し、自己を抑制しようとする気持ちが生まれる幼児期の発達の特性を踏まえ」教育課程を編成するように明記してある。卒園までの期間にこれらの特性を踏まえ、充実した生活を送ることが出来る内容でなければならない。

3 各園独自の理念を持つ

　小学校以上の学校は教科中心のカリキュラムが編成されるため、その内容が把握しやすいが、幼稚園や保育所や認定こども園の場合「環境・遊びを通した保育」であるために、その内容が分かりづらい場合がある。また、公立が多い小学校の場合は日本全国どこでも教育内容にさほどの

違いはないが、私立が多くを占める幼稚園や、待機児童対策で私立が急激に増加してきている保育所や認定こども園の場合、その保育内容は各園の保育方針により大きな違いがある。だからこそ、自園の保育理念を明確に示し、それに基づく保育内容や保育環境を教育・保育課程の中に編成しくことが大切である。

4　発達と生活の連続性を踏まえる

　2008年告示の保育所保育指針の第4章1「(1) 保育課程」ウの中に「保育課程は、子どもの生活の連続性や発達の連続性に留意し、各保育所が創意工夫して保育できるよう、編成されなければならない。」と記されている。また幼稚園教育要領の第1章「第2　教育課程の編成」には「家庭との連携を図りながら」という表現がある。さらに、第3章第1「1　一般的な留意事項」(2)には「幼稚園生活における幼児の発達の過程を見通し、幼児の生活の連続性、季節の変化などを考慮して幼児の興味や関心、発達の実情などに応じて設定すること」と保育計画の留意点を示しているのである。認定子ども園は幼稚園と保育所の両方の機能を兼ねることから、同様に捉える必要があるだろう。つまり、幼稚園、保育所や認定こども園に在園している期間、どの時間帯においても子どもの発達と生活の連続性に対する配慮を計画の中に盛り込まなければならないということである。

　子どもたちの在園中の育ちを保障するには、一人ひとりの発達の連続性を無視することはできない。たとえ担任が変わろうと子どもの育ちが切り替わるわけではないので、一人ひとりの育ちの流れの中で子どもをとらえる必要がある。また、子どもが生活する家庭などの場を切り離して園での生活を考えることは、心身の発育が未熟な乳幼児にとっては無理がある。園での生活と家庭での生活という二つの場を無理なくつなぐ意味でも、教育・保育課程は、子どもの発達と生活の連続性を考えたものでなければならないのである。

さらに、昨今は小学校との連携に関しても重要視されてきている。保育者は小学校の生活や教育課程にもっと関心を持つべきであろう。また、自園の教育・保育課程について小学校側に理解をしてもらう努力を怠ってはいけない。もちろん小学校以降の生活につながる基盤を作る保育内容であることが重要である。その上で子どもたちがスムーズに小学校生活に移行できるような配慮をしていく必要がある。そのために教育・保育課程の中に、小学校の児童との交流などを計画的に組み込むことが大切であろう。

　幼稚園、保育所、認定子ども園などを取り巻く周辺地域との連携も欠かせない。園児たちの生活の場は、地域社会にもあるのだから、そこでの生活との連続性にも配慮する必要がある。近隣地域にも自園の保育理念を理解してもらうことで、保育の幅が広がり、子どもたちの経験もより豊かなものになるのではないだろうか。

【引用・参考文献】
阿部和子・前原寛編著『保育課程の研究』萌文書林、2009年
倉橋惣三著『育ての心』フレーベル館、1976年
厚生労働省『保育所保育指針』フレーベル館、2008年
松村和子・近藤幹生・椛島香代『教育課程・保育課程を学ぶ』みなみ書房　2012年
文部科学省『幼稚園教育要領』フレーベル館、2008年

（高橋弥生）

第2章　保育における指導計画

第1節　保育における指導計画とは

　保育所保育指針や幼稚園教育要領をはじめ、辞書類における関連記述を手掛かりに「保育」という言葉の持つ意味合いを考察していくと、保育とは乳幼児が安全で安心できる環境のもとで、生き生きとした活動ができるように養護するとともに、その心身の健全な成長・発達を助長するように教育することであると定義できる。

　幼稚園や保育所は、一定の保育理念に基づき保育の目的を決め、その目的を達成するために、どのような内容を、どのような手段や方法で実施するかなどについて計画を立てなければならない。こうした計画を保育計画（後述する「教育・保育課程」である）という。つまり、保育計画は保育所や幼稚園に入所（園）している子どもの生活全体を通じて、保育の目標が達成されるように設定した全体的な計画である。それに対して、指導計画は保育計画を具体的に実践していくためのものである。

　幼稚園教育要領の第3章および、保育所保育指針の第4章において、幼稚園・保育所は、子どもが安定して充実した生活が過ごせるよう、また、発達に必要な経験を積み重ねることができるよう、子どもの全在園期間を見通しながら、その生活の連続性、季節の変化、興味・関心、発達の実情を踏まえて、指導計画を作成することが義務付けられている。したがって、指導計画を作成する際には、保育計画に基づきながら、子どもの状況を考慮して、乳幼児期にふさわしい生活の中で、一人ひとり

の子どもに必要な体験が得られる保育が展開されるよう、具体的に考案していかなければならない。

第2節　指導計画の種類

　指導計画には、長期的なものと短期的なものがある。長期の指導計画には、1年間の子どもの生活や発達を見通した年間指導計画や、1年間を園生活の節目や子どもの状況に合わせて2〜4カ月ごとの期間に分け、それぞれの時期にふさわしい保育の展開を考える期間指導計画（期案）、そして1カ月の子どもの生活や発達を見通した月間指導計画（月案）がある。短期の指導計画には、1週間を見通した週間指導計画（週案）や、登園から降園までの1日を単位とした保育の展開を具体的に構想する日案がある。

1　長期計画

　年間指導計画は、園の方針および保育計画にそって、園生活を長期的に見通しながら、子どもの生活の連続性、季節感、行事、地域性などを考慮し、子どもの興味・関心、発達の実情などに応じて立案するものである。
　期案は、長期計画で設定された目標を基に、期ごとの子どもの発達の姿を想定し、具体的なねらいを設定するものである。そのねらいを達成するために必要な内容、環境構成（遊具や素材といった物的環境・保育者や子どもといった人的環境・活動の場所といった空間の使い方）、保育者の援助を検討するとともに、子どもの発達過程や生活を見通しながら、季節や自然事象、社会事象、行事などに対する考慮も求められる。
　月案は、年間指導計画を基に各月の子どもの生活する姿を見通し、ねらいと内容、環境構成・援助のあり方を具体的に立案するものである。

2 短期計画

週案は、前週の保育の流れや子どもの姿から、今週の子どもの生活する姿を見通した上で、曜日や子どもの体調、天候、行事などを考慮し、ねらいと内容、保育者の援助などを具体的に記入するものである。

日案は、前日までの子どもの状況を踏まえて、子どもにとって必要な経験を考え、その日のねらい、内容とともに、予想される子どもの活動、必要な環境構成、保育者として必要な援助などを考案するものである。

3 長期計画と短期計画の関連

長期計画は教育・保育の具体的なねらいや内容、環境構成、保育者の援助に対して長期の見通しを持った計画である。他方、短期計画は長期計画に基づき週や日を単位に、具体的な子どもの生活の展開に即したものである。年間指導計画を具体化するために期案・月案が必要になり、月案を確実に実施するために週案や日案が作成されているように、長期計画と短期計画がそれぞれ単独に存在するものではなく、両者はつながりを持つものでなければならない。

第3節　教育・保育課程と指導計画の関連

1 幼稚園における教育課程とは

各幼稚園は、教育期間の全体にわたって各自の教育目的、目標を実現させ、幼児の充実した園生活を展開できるよう全体の保育計画を編成しなければならない。この全体の保育計画は教育課程であり、幼児が入園から修了までの園生活全期間の中で経験すべき内容の総体を示すものである。幼稚園における教育課程の編成は園長の責任の下での全教職員に

よる取り組みである。

　幼稚園教育要領の第1章　第2「教育課程の編成」において、幼稚園は、家庭との連携を図りながら、教育目標である生きる力の基礎を育成するために「教育基本法及び学校教育法その他の法令並びにこの幼稚園教育要領の示すところに従い、創意工夫を生かし、幼児の心身の発達と幼稚園及び地域の実態に即応した適切な教育課程を編成」しなければならないことが示されている。また、幼稚園教育課程編成にあたっての留意事項は以下のように示されている。

1. 幼稚園生活の全体を通して第2章に示すねらいが総合的に達成されるよう、教育課程に係る教育期間や幼児の生活経験や発達の過程などを考慮して具体的なねらいと内容を組織しなければならないこと。この場合においては、特に、自我が芽生え、他者の存在を意識し、自己を抑制しようとする気持ちが生まれる幼児期の発達の特性を踏まえ、入園から修了に至るまでの長期的な視野をもって充実した生活が展開できるように配慮しなければならないこと。
2. 幼稚園の毎学年の教育課程に係る教育週数は、特別の事情のある場合を除き、39週を下ってはならないこと。
3. 幼稚園の1日の教育課程に係る教育時間は、4時間を標準とすること。ただし、幼児の心身の発達の程度や季節などに適切に配慮すること。

　以上の内容から分かるように、幼稚園における「教育課程」は幼児が充実した生活を送れるよう、幼児の全在園期間を見通して、幼児の心身の発達、幼稚園の実態、地域の実態を踏まえつつ、各幼稚園の創意工夫によって特色のあるものとすることが求められており、とりわけ幼児期の発達の特性を踏まえることが重視されている。

2　幼稚園における指導計画

　教育課程と指導計画の関連について、『幼稚園教育要領解説』の第3章第1節2「教育課程と指導計画」において以下のような解説が行われている。すなわち、

> 　指導計画では、この教育課程に基づいてさらに具体的なねらいや内容、環境の構成、教師の援助などといった指導の内容や方法を明らかにする必要がある。指導計画は、教育課程を具体化したものであり、具体化する際には、一般に長期的な見通しをもった年、学期、月あるいは発達の時期などの計画とそれと関連してより具体的な幼児の生活に即した週、日などの短期的な計画の両方を考えることになる。
> 　指導計画は一つの仮説であって、実際に展開される生活に応じて常に改善されるものであるから、そのような実践の積み重ねの中で、教育課程も改善されていく必要がある。

　ここでも、幼稚園における「指導計画」とは「教育課程」を具体化したものであり、指導計画を作成する際に長期計画と短期計画との関連性を意識する必要性とともに、指導計画は常に改善を前提として作成されるものであることと示されている。
　また、幼稚園教育要領の第3章「指導計画及び教育課程に係る教育時間の終了後等に行う教育活動などの留意事項」において、指導計画を作成する際に「幼児が自ら意欲をもって」環境と関わり、「幼児期にふさわしい生活が展開され」るように「幼児の活動に沿った柔軟な指導」を行うことや、「発展的な指導計画」を作成しなければならないことが強調されている。加えて「安全に関する指導」「障害のある幼児の指導」「障害のある幼児との活動を共にする機会」づくり、「行事の指導」「小学校との連携」なども特別に留意する事項として示されている。

3 保育所における保育課程とは

　保育課程は、保育所保育指針に示された子どもの発達過程を踏まえ、子どもたちが保育所生活の全体を通して経験すべき内容の総体を示したものであり、特に、乳幼児期に共通する発育・発達の過程を基盤に、家庭や地域等にも目を向け、保育所に入所している全ての子どもの生活の場を構築することを通して、保育を展開していくことを重視している。

　保育課程の編成は、施設長の責任の下で全職員が行う集団的な取り組みである。保育所保育指針の第4章「保育の計画及び評価」において、「すべての子どもが、入所している間、安定した生活を送り、充実した活動ができるように」、保育課程は「柔軟で発展的なものとし、また、一貫性のあるもの」であることを求めている。さらに、保育課程の編成について、以下の留意事項が示されている。

> ア.保育課程は、各保育所の保育の方針や目標に基づき、第2章（子どもの発達）に示された子どもの発達過程を踏まえ、前章（保育の内容）に示されたねらい及び内容が保育所生活の全体を通して、総合的に展開されるよう、編成されなければならない。
> イ.保育課程は、地域の実態、子どもや家庭の状況、保育時間などを考慮し、子どもの育ちに関する長期的見通しを持って適切に編成されなければならない。
> ウ.保育課程は、子どもの生活の連続性や発達の連続性に留意し、各保育所が創意工夫して保育できるよう、編成されなければならない。

　以上の内容から、教育課程の編成と同様に保育課程の編成においても、子どもの発達過程や地域の実態、家庭の状況、子どもの生活や発達の連続性について留意するとともに、各保育所による創意工夫が求められていることは明らかである。

4 保育所における指導計画

保育課程と指導計画の関連について、保育所保育指針の第4章「保育の計画及び評価」において以下のように示されている。

> 保育所は、第1章（総則）に示された保育の目標を達成するために、保育の基本となる「保育課程」を編成するとともに、これを具体化した「指導計画」を作成しなければならない。保育課程及び指導計画は、すべての子どもが、入所している間、安定した生活を送り、充実した活動ができるように、柔軟で発展的なものとし、また、一貫性のあるものとなるよう配慮することが重要である。また、保育所は、保育の計画に基づいて保育し、保育の内容の評価及びこれに基づく改善に努め、保育の質の向上を図るとともに、その社会的責任を果たさなければならない。

そのほかに、『保育所保育指針解説書』第4章1の（1）においては、「『指導計画』は、保育課程に基づいて、保育目標や保育方針を具体化する実践計画」であることや、「指導計画は具体的なねらいと内容、環境構成、予想される活動、保育士等の援助、家庭との連携等で構成」されると記されている。また、指導計画は「保育実践の具体的な方向性を示すものであり、一人一人の子どもが、乳幼児期にふさわしい生活の中で、必要な体験が得られるよう見通しを持って」作成することの必要性も示されている。

このように、保育所における指導計画は、保育実践に直結するものとして位置付けられている。指導計画においては、子どもの実態に即したねらいと内容、環境構成、予想される子どもの活動、保育士の援助、家庭との連携などについて具体的かつ柔軟に考えなければならない。さらに、保育の質の向上のために、指導計画や保育内容に対する評価および改善も必要である。

5　指導計画作成上の留意事項

　教育課程・保育課程は保育の骨幹を示す全体的な計画である。それに対し、指導計画は、教育課程・保育課程を基に、具体的にそれぞれの時期のねらいや内容、環境構成、子どもの姿や活動の予想、保育者の援助などを見通し、作成するものである。

　指導計画を作成する際に共通して注意すべき点を以下に提示しておく。

1. 指導計画はすべての子どもが、入所（園）している間、安定した生活を送り、充実した活動ができるように、柔軟で発展的なものでありながら、一貫性のあるものでなければならない。
2. 長期計画や短期計画が断片的にならないよう、それぞれの計画相互の関連性と連続性を持たせなければならない（**図表1**）。
3. 目の前の子どもは、今どのような発達の状態にあるか、興味・関心はどこに向いているのか、友達や保育者との人間関係はどうなっているのかなど、子どもの発達をしっかり理解することは指導計画を

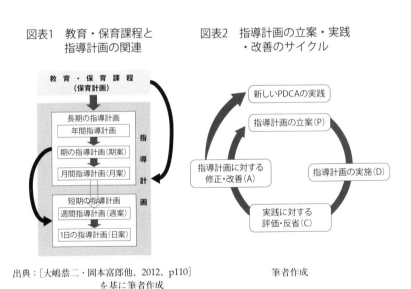

図表1　教育・保育課程と指導計画の関連

出典：[大嶋恭二・岡本富郎他、2012、p110]を基に筆者作成

図表2　指導計画の立案・実践・改善のサイクル

筆者作成

作成する上での前提条件である。
　4. ねらいと内容を明確にする。その際に子どもたちの発達過程や、子どもたちの育ちに見通しを持ち、子どもにとって経験すべき内容を幅広く考えることが大切である。
　5. 保育の環境構成を考える際に、安全・安心できる環境、発達に応じた環境、興味や欲求に応じた環境、課題性をもつ環境などの視点を持ち、特に、「物的環境」と「人的環境」の両面から考えるように心がける必要がある。
　6. 指導計画は保育活動が始まる前に立案した仮説であり、保育実践に生かせるより良い指導計画を作成するために、指導計画の実施後にも、評価・反省・改善というフィードバックが必要である（**図表2**）。

　保育・教育の目標の実現には指導計画の作成が不可欠である。他方、指導計画を保育実践に生かしてこそ、保育・教育の目標の効果的実現や教育活動の充実と質の向上が可能になる。

【引用・参考文献】
　磯部裕子『教育課程の理論― 保育におけるカリキュラム・デザイン〔改訂版〕』萌文書林、2003年
　大嶋恭二・岡本富郎他編『保育者のための教育と福祉の事典』建帛社、2012年
　小笠原圭・植田明編著『保育の計画と方法（第3版）』同文書院、2013年
　厚生労働省『保育所保育指針解説』フレーベル館、2008年
　小学館『日本大百科全書（第2版）(4)』小学館、1994年
　松村明編『大辞林（第三版）』三省堂、2006年
　森上史郎・柏女霊峰編『保育用語辞典（第7版）』ミネルヴァ書房、2014年
　文部科学省『幼稚園教育要領解説』フレーベル館、2008年

（李　　霞）

第3章　指導計画作成の基本

　教育課程や保育課程が、園で行う教育・保育全体の基本計画を指す概念であるのに対し、指導計画は基本計画に沿って指導の内容や方法がより具体的に示されたものをいう。本章では、子どもの主体的な活動を通して、発達に必要な経験を積み重ねるための指導計画のあり方を考えたい。

第1節　指導計画の基本

1　子どもを保育の主役にするための指導計画

　子どもは、自分を取り巻く環境に主体的に関わり、働きかけることで自身の世界を広げていく。子どもが興味のある対象と向き合い、自分なりの発見や気付きがあったとき、豊かな遊びが実現していると言える。子どもは、自ら取り組む活動としての遊びを通じて、試行錯誤する中で学び、発達していくのである。

　しかし、全て自由に子ども任せにしていては、発達に必要な活動を経験できない場合がある。子ども自身の力だけで遊びを深め、発展させていくことには限界があるだろう。子どもの自発的な活動が豊かな経験となるためには、子どもの実態に即した、保育者の環境構成と援助が必要となる。保育者には、目の前の子どもたちの発達に今必要な経験を長期的、計画的に導き出すことが求められる。

　上記を踏まえ、指導計画は保育者が子どもの実態に応じて設けた「ね

らい」に沿って、柔軟に保育を展開するために、不可欠な指導の見通しであり、保育の段取りを記したメモ、あるいは計画通りに進めるためのシナリオのようなものではないことを、認識しておく必要がある。

2 仮説としての指導計画

『幼稚園教育要領解説』では、指導計画を「一つの仮説であって、実際に展開される生活に応じて常に改善されるもの」と位置付けている。

保育において、子どもの主体性や自発性を重視することと、保育者が子どもの発達に必要な経験を、計画的に積み重ねることは、一見、矛盾するように思うかもしれない。しかし、保育における計画は絶対的、固定的なものではなく、子どもの活動を豊かにするための、柔軟な性質を備えている。したがって、指導計画を立てる際には、子どもの主体性（意欲を持ってやりたいこと）と保育者のねらい（子どもに身に付けてほしいこと）を可能な限り近づけること、つまり、計画の中に、子どもの視点を十分に取り入れることが重要となる。

十分な子ども理解に基づいて立てられた計画であっても、計画通りに進むとは限らない。このような場合は、子どもの状況に応じて、計画の修正を行わなければならない。後で修正をするのであれば、きめ細かな計画の作成は、不要であるように思えるが、事前に十分な検討をしていたからこそ、自身の予想と実際の子どもの姿の隔たり（ズレ）に気付くことが可能になり、子どもの活動に対する理解が深まる。「仮説」としての指導計画とは、保育者の計画に子どもを合わせるのではなく、計画を子どもの実態に近づけ、柔軟に修正すべきものを意味し、こうした保育者の姿勢が「子どもに寄り添う」保育の実現につながる。

3 保育者間をつなぐ指導計画

保育は、一人の保育者のみで行うものではない。子どもにとって、豊かな保育を実践していくためには、保育者が相互に密接な連携を取りな

がら、園全体の保育を、支えていかなければならない。そのためには、まず日々の保育について、保育者間で共通理解を図ることが重要である。

　各園・施設の中には、新任、中堅、ベテランなどさまざまな立場の保育者が存在し、それぞれの役割を担っている。また、経験年数以外にも、各々の得意分野や個性があり、それぞれの力が発揮されることで、充実した保育が成り立っている。そのため、複数の保育者の視点から、1つの保育実践を見直すことで、一人では気付かなかった新たな解釈を得ることができ、それが保育の改善にもつながるのである。

　こうした保育者間の連携や協働をする際に、重要な役割を果たすものが指導計画である。保育者が指導計画を共有することで、どのようなねらいに基づき、どのような方法で保育を進めていたのか、改善点はどこかなど、課題に対する共通認識を持つことが可能となる。このように、指導計画は、一人ひとりの保育者の保育の見通しであると同時に、保育者相互の協力体制の下、よりよい保育を形作るために欠かせない記録である。

第2節　計画作成の手順

　ここでは、指導計画を作成する際の具体的な手順と留意事項について述べる。長期指導計画も短期指導計画も、作成の手順は、基本的に次ページの**図表**に示されている通りである。その項目に沿って見ていきたい。

1　子どもを理解する

　指導計画の作成は、子どもの実状を理解することから始まる。保育では、子どもの主体的な活動が重視されるため、今、育ちつつある子どもの姿を、十分に把握しなければ、子どもに必要な経験を、計画的に構想することはできない。その際、具体的に把握しておくべき子どもの姿とは、一人ひとりの発達の状態、興味・関心、行き詰まり、そしてクラス

図表　指導計画作成の手順と保育者の役割

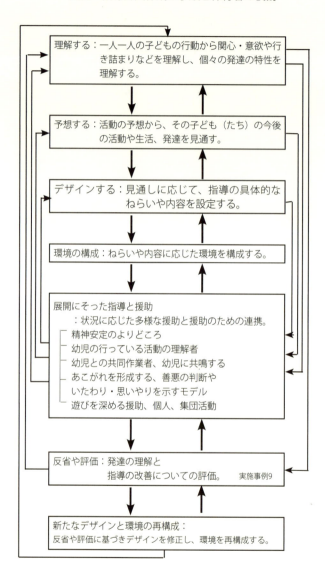

出典：［秋田喜代美、2000、p14］より

の様子、集団の中の人間関係等、個と集団の両面から子どもを理解する必要がある。

2　子どもの活動を予想する

次に、子ども理解に基づいて、子どもが主体的に取り組める活動や、今後の発達に必要な活動を予想し、発達の方向性を見通す。そこには、保育者が子どもに「このように育ってほしい」という願いが込められており、子どもの視点に立った予想と、長期的な見通しが必要となる。

3　デザインする

発達の方向性を見通した後、それが具体的に実現する「ねらい」と「内容」を設定する。ここで注意したいことは「計画」ではなく「デザイン」という言葉が用いられる点である。保育者の願いは、指導計画において「ねらい」となり、ねらいを達成するために必要な経験は「内容」として具体化される。しかし、それらは、決して一方的、固定的なものではない。指導計画では、子どもが意欲的に取り組みたいと思える活動、そしてその活動が豊かに展開するために、必要な保育者の関わりを詳細に予想するが、何が何でもその通りに実践するのではなく、子どもの実状に合わない部分が生じた場合は、活動に多様な選択肢や幅を用意するなど、柔軟に変更や修正を加えることが必要となる。このように、デザインという言葉には「仮説」としての計画という意味が込められている。

4　環境の構成

ねらいを実現するためには、適切な環境を設定する必要がある。環境の中に保育者の願いを込め、子どもの意欲を引き出すことや、意味のある環境を構成することが重要となる。子どもや保育者の位置や必要な教材など、いつ、何を、どこに、どのように配置するか、環境図を用いて、時系列に沿って考えるとよい。また、物的環境だけではなく、活動時の

動線や他児との関わり、安全面の配慮等も必要となる。環境を構成する際も、計画に固執するのではなく、子どもの活動に応じて、人数やスペースの増減や時間調整など、柔軟な対応が必要となる。

5 展開に沿った指導と援助

　保育者は、十分な子ども理解に基づいて計画を立て、実践を展開する。もちろん、事前に予想した通りに活動が展開するとは限らない。保育者は子どもの状況に応じて、自身が果たすべき役割について考え、実践の中で、柔軟に指導計画を修正しなければならない。その際、重要なことは、「ねらい」を見据えておくことである。「ねらい」に到達する道筋は多様であり、大いに柔軟性を発揮すべきである。しかし、柔軟な対応を重視するあまり「ねらい」を見失うと、指導の一貫性をも損なわれかねない。つまり、指導の方法は柔軟に、しかし目的は揺るがない保育を行うことが重要となる。

6 反省と評価

　保育者は、指導計画に基づいた保育を実践した後に、計画の妥当性について振り返りをすることが、保育の質を高める上で非常に重要である。実践を通じて「ねらい」がどのように具体化したか、また、予想と異なる場面、その理由など、計画以上に詳細な振り返りが必要である。その際、複数の保育者が連携して実践を省察することで、より多角的な子ども理解が可能となる。

7 新たなデザインと環境の再構成

　保育実践の振り返りを行った後は、指導計画を改善し、新たな計画へと再構成する作業が必要となる。実践の中で課題となった点は、その原因や対策を追究し、次の実践へ生かさなければならない。また再構成の際には、反省点ばかりではなく、子どもの豊かな学びを導き出した関わ

りや援助を、肯定的に評価し、さらに発展させていく姿勢も大切である。こうした作業を通じて、保育は日々改善され、保育者の力量も高められていくのである。

　このように、よりよい保育実践の実現のためには、指導計画の作成が不可欠である。また、**図表**の各項目が一方向でなく、多方向に分岐している点に注目したい。例えば、予想する段階で行き詰ったとしたら、前の段階の子ども理解に戻るなど、保育の展開を循環的な過程として、捉えることが重要である。

第3節　幼稚園・保育所・認定こども園それぞれの計画の特徴

　前節において、指導計画を作成する基本的な手順について述べてきた。ここでは、幼稚園・保育所・認定こども園の指導計画の特徴と、種類、様式について確認しておきたい。

1　指導計画の特徴

　『幼稚園教育要領解説』の第3章 第1「指導計画の作成に当たっての留意事項」1 では幼稚園の指導計画について、次のように述べている。

　　（1）指導計画は、幼児の発達に即して一人一人の幼児が幼児期にふさわしい生活を展開し、必要な体験を得られるようにするために、具体的に作成すること。

　　（2）指導計画の作成に当たっては，次に示すところにより，具体的なねらい及び内容を明確に設定し，適切な環境を構成することなどにより活動が選択・展開されるようにすること。

　このように、幼稚園における指導計画とは、教育課程を踏まえ、具体

的に作成されるものであり、具体化の際には、①ねらいおよび内容、②環境の構成、保育者の援助に、特に留意することが求められている。さらに、指導計画は子どもの実態に応じて、常に改善を図ることが明記されていることからも、指導計画は「仮説」であり、柔軟な修正を前提としている。

次に『保育所保育指針解説書』の第4章1（2）「指導計画」では、保育所の指導計画について以下の点に留意しなければならないと述べている。

　ア　保育課程に基づき、子どもの生活や発達を見通した長期的な指導計画と、それに関連しながら、より具体的な子どもの日々の生活に即した短期的な指導計画を作成して、保育が適切に展開されるようにすること。
　イ　具体的なねらいが達成されるよう、子どもの生活する姿や発想を大切にして適切な環境を構成し、子どもが主体的に活動できるようにすること。

このように、保育所における「指導計画」とは、保育課程を長期的、短期的に具体化したものとされる。一人ひとりの子どもの実態と、環境からの働きかけを考慮した「ねらい」および「内容」を設定する必要がある。そして、環境を構成する際には、子ども自身が、意欲や主体性を発揮することのできることが強調されている。

また、特に保育所での指導計画作成の際、留意すべき点として、①発達過程に応じた保育、②長時間にわたる保育、③障害のある子どもの保育、④小学校、家庭及び地域社会との連携に対してきめ細かな対応をすること——が挙げられている。

『幼保連携型認定こども園教育・保育要領解説』では、指導計画の留意点として『幼稚園教育要領解説』と同様の内容が、引き継がれて書かれている。認定こども園の指導計画に特徴的であるのは、「特に配慮すべき事項」において、障害のある子どもの指導について、より拡張された内容が記述されている点である。具体的に言うと「障害のある子ども

が他の園児との生活を通してともに生活できるよう」指導計画を個別に作成することが盛り込まれ、広く特別支援の重要性が示されている。

2 指導計画の種類・様式

　先に述べた通り、指導計画には、長期と短期のものがある。また、これ以外にも『保育所保育指針解説書』では、個人の指導計画、あるいはクラスやグループの指導計画の必要性も示されている。『幼稚園教育要領解説』においても、「特に留意する事項」として障害のある幼児の指導において「支援のための計画を個別に作成すること」を挙げている。さらに、『幼保連携型認定こども園教育・保育要領解説』では、「園児一人一人の個人差に配慮した適切な指導」の重要性が強調されている。このことから、どの園・施設においても子どもの発達を踏まえ、個々の実態に即した、きめ細かい指導計画の作成が重視されていることが分かる。

　保育において、子どもの多様な活動を認め発展させていくためには、計画の様式も画一的なものではなく、活動に適したものを選ぶ必要がある。さらに、園独自の様式を作成するなどの工夫も必要であろう。

【引用・参考文献】
　秋田喜代美『教師のさまざまな役割―ともに学び合う教師と子ども』チャイルド本社、2000年
　神長美津子『保育のレベルアップ講座―エピソードから保育の心が読み取れる』ひかりのくに、2003年
　厚生労働省『保育所保育指針解説書』フレーベル館、2008年
　内閣府・文部科学省・厚生労働省編『幼保連携型認定こども園教育・保育要領解説』フレーベル館、2015年
　文部科学省『幼稚園教育要領解説』フレーベル館、2008年

　　　　　　　　　　　　　　　　　　　　　　　　（内藤由佳子）

第4章 計画に必要な子ども理解

第1節 子ども理解とは

1 子ども理解の必要性

　そもそも保育の計画は何のためになされるものであろうか。それは言うまでもなく、乳幼児の育ち・発達を偶然に任せるのではなく、保育者の意図の下で、必然的とまでは言えないものの、最善を尽くして、子どもの育ち・発達を保証するためである。

　そして保育を計画する場合には、各種法規や幼稚園教育要領および保育所保育指針、また個々の幼稚園・保育所の目的に沿ったものでなければならないが、その計画を遂行することができるのも、保育者がその時々に、子どもの姿を的確に理解しているからこそである。この子どもの姿の理解は、ただ単に子どもを漠然と眺めるということでは成立しない。この理解は、理論的理解と実践的理解を含んでいる。つまり子どもとはどのようなものかを知識として体系的に知ること、そしてそれと同時に、目の前の子どもの実情・実態を把握する、ということである。

　それでは保育の計画のために、子どもをどのようにして理解したらよいのだろうか。

　まず一般的なのは、子どもは「遊ぶ存在」であるという前提から、子どもの遊びの様子を見て、子どもの姿を理解することである。子どもの遊びとはどのような活動かを知識として知ると同時に、子どもの遊びのあり方を直接的に把握する、いわば直観的理解が求められるのである。

子どもの遊びは、彼が持つ力を総結集して行う活動であり、「活動それ自体が目的であるような活動」に他ならない。子どもは心を対象に向け、頭を使い、体を使って全身全霊で活動に打ち込む。こうしたさまざまな観点から子どもを理解する必要が出てくる。

　しかも子どもは絶えず発達の途上にある。この発達は必ずしも一直線に向上するとは限らず、立ち止まっているかのように見えるときもある、そのような過程をたどる。保育の計画を立てるためにも、この単純ではない発達の道筋を見通すことが、何よりも重要なことである。

　人間は新生児期、乳児期、幼児期、児童期、青年期、成人期、老年期と、その段階を踏んで自己を発展させていく。基本的にその順番が入れ代わることはない。しかし重要なのは、子どもが誕生した瞬間から、人間であることに変わりはないということである。当然、新生児として生まれたときは、成熟した人間というよりは、生物としてのヒトという存在であるとする向きも多いだろう。しかし保育者として何よりも大切なのは、新生児であれ、乳児であれ、幼児であれ、その子どもを一つの人格として遇する、ということである。この観点から、幼児の計画は立てられなければならない。

　今、子どもは「遊ぶ存在」であることを述べた。しかしもちろん重要なのは、子どもが何者かを定義することにこだわるのではなく、子どもの遊びの実際を理解し、それを発展させることが、すなわち子ども自身を発展させることだという強い信念を保育者が持つことである。

2　遊びと生活

　しかし、実は遊びが子どもの活動の全てではない。生活活動もまた、子どもが生を営む上での重要な構成要素である。したがって、子どもの発達を促すための保育の計画、その計画を立てる上での子ども理解というのは、遊びだけではなく、生活活動を把握するという側面もある。『保育所保育指針』ではこの側面を「養護」という言葉で表現している。

具体的には、子どもの生活習慣・技能の面から子どもを理解し、保育の計画を立てるということも必要だ、ということである。

そうであれば、子どもの遊びと生活活動とはどのような関係にあるのだろうか。山下俊郎（1903～1982）は、生活活動を、基本的生活習慣の面から捉えていた。しかし遊びを「活動それ自体が目的であるような活動」、生活活動を「生活技能・生活習慣にかかわる活動」と捉えるならば、子どもの活動は必ずしもこの2つに峻別・分解されるわけではないことがはっきりする。遊びと生活活動は相いれない、対立する2つの活動領域というよりは、むしろ子どもの生きざまの2つの観点として捉えられるべきものである。

また子どもの育ちを価値感覚・価値への態度といった観点から、把握することも可能である。誕生間もない子どもは、快・不快を自らの生き方の基準とする。快適であれば喜び、不快であれば、泣くのが子どもの常である。この段階の子どもにあっては、五感における快・不快が子どもを行動させる基準となるものである。

しかし子どもは、快・不快によってのみ行動するわけではない。子どもは母親や父親を愛し信じ、そして感謝する。また母親や父親のことに従おうとする。それは、子どもが単に快・不快によってだけでは生きてはいないことを指し示すものである。

子どもは、さらに快・不快の判断基準から、損得を判断基準とした生き方へ、自己を展開させようとする。言うまでもなく、より大きな快を得ようと、一時的な不快を耐える生き方を「『得』を選ぶ態度」と呼ぶ。子どもが損得勘定に基づいて生き、判断するとき、子どもは「感覚的存在から脱しつつある」と言える。

しかし、損得勘定が中心となる生き方にある子どもであっても、単にそれだけを判断基準とするわけではない。子どもは美しいものを見て感動し、真理に対して敏感になり、正しいものに対して憧れ、悪に対して憤りを感じ、崇高なるもの、聖なるものに対して敬虔な気持ちを持つこ

とができる。しかしまた他方では、より効率的なもの、より経済的なものの方・考え方もすることができるようになる。それは、多面的なものの見方・考え方が、子どもの中に育っていく、ということである。

　子どもの育ちは発達の過程をたどりながらも、一人ひとりの個人差があり、その展開の仕方も決して一様ではない。だから、子ども発達の路線を大人が安易に決定付け、方向付けることには大いに慎重である必要がある。とはいえ、発達の道行、行く先を見通すことができなければ、保育の上で望ましい計画を立てられないことは、先にも指摘したところである。

　保育を計画する上で重要なことは、発達の道行をたどるまなざし、そしてそれを個々の子どもに適用したときの、子ども自身の実情の多様性を把握することである。

　子どもが個性的な発達をたどるのは、1つには、子ども自身の素質自身が多様であることに基づく。例えば、ある種の軽度発達障害の子どもが、比較的パターン化された発達の経過をたどるのも、その発達が、かなりの程度、遺伝的要素、素質的要因に基づくからだと考えられる。

　他方では、健常児も、特別に支援を必要とする子どもでも、個々の子どもの生き様が多様であるのは、子どもが育ってきた背景、そして子どもが育っている環境が、非常にさまざまであって、その多様な要因が複雑にからみあって、子どもに働きかけているからである。この観点で重要なのは、子どもの個性的な生きざまを創り出している環境にまなざしを向け、子どもの育ちの背景を的確に把握し、読み取ることである。子どもを理解するとは、目の前にいる子どもの直接的な特徴を理解するだけではなく、その子どもを取り巻く環境、その背景を把握する、ということでもある。

第2節 子ども理解の視点

1 大人とは違う存在としての子ども

　そもそも保育の計画を立てる場合、子どもは大人と違う存在だということをきちんと把握しておく必要がある。それは、子どもを一人の人格として遇することと、全く矛盾するものではない。すでに子どもが大人とは違う独自の存在であることは、ルソー（J.J.Rousseau 1712～1778）が指摘した。ルソーを引用するまでもなく、子どもは決して小さな大人、未熟な、未完成な、欠陥のある大人ではない。独立した固有の存在なのである。保育の計画の観点から言えば、大人のあるべき姿を目標にして、そこへ導かれる欠陥ある存在として、取り扱われてはならない、ということである。仮に保育の世界で、子どもが単に無能な存在として扱われるなら、完成した大人という観点から子どもに対して、不足している力、能力を求めるということになるだろう。言うまでもなく、不足している力を求めるということは、子どもを「力を欠いたもの」「無能力の人間」として見なし、取り扱うことである。ここから、叱責、強制、体罰などの働きかけが正当化される根拠が生まれてくる。

　むしろ必要なのは「欠けているところを補う」という観点にこだわることではなく、子ども自身が持っている「能力を展開させ、開花させる」ということ、子どもの存在それ自体を、一人の統一された人間として受け入れるということである。

　それでは、子どもの存在が統一されたものであるとは、どのようなことか。ハヴィガースト（R.J. Havighurst 1900～1991）の発達課題を持ち出すまでもなく、人間は発展していく中で、その段階に応じて身につけるべき課題がある。その時々の課題を乗り越えることで、子どもとしてその都度、まとまった、つまり統一された存在となっている、ということ

である。そして、その段階において、子どもがその課題に取り組むような状況を創り出す、ということが保育者の役割であり、この状況を用意する素案が、保育の計画として立案されるべきである。

例えば、遊びという観点で言えば、「平行遊び」をする子どもに対して、集団協力型遊びへと強要することが、保育者の役割であろうか。そうではない。個々の遊びに没頭し、その活動に集中することで、子どもの次のステップが、おのずと自己展開するのである。これと同じことは、他の観点からでも言えることである。

さて、ここまでは、子どもを全体として捉えることを中心に述べてきた。しかし、例えば森をよりよく理解するために、木々のそれぞれを知ることが必要であるように、子どもを理解し、よりよい計画を創り出すためには、子どものさまざまな特徴を観点別に知ることも必要である。保育の計画と関連している限りの、子どもの知情意・身体の視点について言及してみることにしよう。

知的には、子どもは、直観、言葉、思考の面から理解することができる。また心情的には、単純・無邪気の気持ちから発し、愛と信頼、感謝といった態度へと展開する。また意志としては、我慢の気持ちから、やがて自らの目的を実現するために、自己の活動を順序立て統制化していくことができるようになる。身体的には、子どもは、五感の各視点から、また歩く、投げる、打つ、ねじるなどの運動の諸要素から理解することもできる。諸要素、もろもろの観点から見ることで、子どもの具体的な力の状態を、より明確に把握することが可能になる。

しかしそれでも、子どもは、統一された人格として存在するものであることを忘れてはならない。

2　子どもを「善」として見ることの必要性

子どもはそもそも、善を行う存在である。生まれたときから、悪しき人間など存在しない。もし悪しき態度が現れるとすれば、それは後から

現れるものである。しかし単純に、子どもの行動の全てを善として捉えてよいだろうか。子どものいたずら、それは確かに発達の一段階であるに違いない。

しかしだからと言って、もちろんそれを放置ないし、無視すべきものではない。いたずらをただ無視することは、子どもの育ちの支援を放棄するにも等しい。無視と見守ることとは、実は、全く違った行いである。もちろん、厳しく叱責すればよいというのではない。子どもの行為は、どのようなものであれ、実践に移された段階で、社会的な行動である。家庭、保育所、幼稚園の中であったとしても、それは一つの社会の中での行動に違いない。社会の中には一定度のルールがある。それに照らして、子どもにアドバイスをすることは不可欠である。

ただし子どもの人格に目を向けたとき、保育者は、子どもを善的存在であると認識し、そうしたものとして遇しなければならない。それが保育者としての態度である。保育者にとって、中にはどうにも手に負えない子どもがいるように思えることもある。しかし「たとえ今はこのようであるかもしれないが、きっと善に向かうに違いない」と信じること、それが保育者の根本的態度である。

このことから、子どもの行動を肯定的・共感的に見る必要性もまた出てくることになる。

第3節 計画と環境構成 ― 子ども理解との関連で

1 子ども理解と計画

しかし、それではこうした子ども理解が、どのようにして保育の計画・環境構成に反映されるのだろうか。最近、PDCAという言葉が普及しつつある。計画・実践は、Plan-Do-Check-ActionというPDCAサイク

ルで成り立つというわけである。ところで、ここで慎重に考えるべきことがある。それは、PDCAは本来、工場などでの品質管理の手順として理解されていた、という事実である。PDCAを分かりやすい言葉に置き換えると、計画立案・実践・省察と評価・改善、つまり次の計画へ、というらせん的な向上の過程となる。この一連の過程が保育者にとっても、重要であること自体に議論の余地はない。

　しかし保育が対象としているのは、工場製品であるビスなどではない。生身の子どもである。最初に計画していたときの子どもと、次回に計画を立案するときの子どもとでは、時間的な差異がある。また、その子どもの育ち、その子どもを取り巻く環境、そしてその環境が及ぼす影響、また、子ども自身が環境に働き返すその仕方も、もはや同じではない。生きた子ども、善へ向かう子ども、育ちつつある子ども、その絶えず変動しつつある子どもの姿を理解することこそ、何よりも重要なことである。しかもこの理解は、共感的理解という言葉が指し示すように、単に知的な理解ではない。心情的な心の交流が何よりも求められるのである。子どもは、一方では物質世界に住まうが、他方では、精神的存在である。子どもの内面・外面は絶えず変容を続けているという理解があって、初めて保育の計画も成立する。保育の根底には人格的交流がある。

2　幼児理解に基づいた計画の実施

　子どもの理解が前提になってこそ、子どもに育ってほしい姿が保育者の頭の中に浮かんでくる。したがって目的も目標もねらいも、内容も、そしてまた環境構成も、徹底した子ども理解の結果生み出されたものでなければならない。

　しかし、保育が始まるまでの計画は、あくまで計画であって、いわば仮説に過ぎない。だから、その経過は、子どもの育ちと乖離していると感じ取られたその瞬間から、直ちに修正されるべきものである。保育の計画が硬直化し、保育者の自己満足に陥らないためにも、子どもの育ち

を感じ取る感性、心が保育者には、何よりも重要である。

　計画が遂行されるそのときどきに、細かい省察が行われると考えるべきであるが、大きな枠組みで言えば、計画を遂行し終わった時点で、改めて振り返り、省察を加えねばならない。それは幼児がいかに育ったかの確認であるばかりではなく、その計画が幼児の育ちにいかに寄与したか、環境構成に問題点はなかったかをくみ取る行為である。

　このように、計画立案は軽視するべきものではない、計画から実践、実践から省察・評価、省察・評価から改善までの流れは、徹頭徹尾、子どもの発達・幸福に従属しなければならない。

　このような意味で、保育の計画は、たえず改善され、洗練化されていかねばならない。しかし、もちろんただPDCAサイクルを形式的に守るだけでは意味がない。重要なのは、保育の計画を遂行する中で、実質的な子どもの育ちに、より多くの影響を及ぼすように最善をつくして尽力する、ということである。より良い計画遂行・環境構成のためには、より深い子ども理解を欠いては不可能である。この意味で、保育計画のサイクル向上と、幼児理解の深まりは、輻輳的である。より深い子ども理解によって保育の計画が遂行されるが、それは、ただ子どもの発達・幸福を目指し、また、それをめぐって展開されるものなのである。

【引用・参考文献】
　内閣府・文部科学省・厚生労働省 編『幼保連携型認定こども園教育・保育要領 幼稚園教育要領 保育所保育指針（原本）』チャイルド本社、2014年
　文部科学省『幼児理解と評価―幼稚園教育指導資料第3集〔平成22年7月改訂〕』ぎょうせい、2011年

　　　　　　　　　　　　　　　　　　　　　　　（大沢　裕）

第5章 幼稚園における教育課程と指導計画

第1節 教育課程と幼稚園教育要領

1 教育課程編成の原則

　幼稚園は、幼稚園教育の基本に基づいて展開される、幼児期にふさわしい生活を通して、その教育の目的や目標を達成していく学校である。その目的や目標を達成するためには、幼児の発達を見通すとともに、それぞれの時期に必要な教育内容を明らかにした意図的・計画的な指導が行われなければならない。このような意味において、幼稚園においては、幼稚園教育要領に示された基準に基づいて、教育課程の編成が行われるのである。幼稚園教育要領解説に述べられているように、教育課程は、「幼稚園における教育期間の全体にわたって幼稚園教育の目的、目標に向かってどのような道筋をたどって教育を進めていくかを明らかにし、幼児の充実した生活を展開できるような全体計画を示す」ものである。

　幼稚園の教育課程は、幼稚園教育要領によって、その基準が示されている。各幼稚園においては、教育基本法や学校教育法などの法令や幼稚園教育要領を踏まえて、教育課程を編成しなければならない。また、教育課程は、幼児の心身の発達の実情に照らし合わせながら、幼稚園の実態や幼稚園を取り巻く地域社会の実態を十分に考慮して編成されるものである。なお、教育課程は、年間・月・週・日などの指導計画として具体化され、その計画に基づいて、それぞれの発達の時期にふさわしい生

活が展開されるように適切な指導が行われる。各幼稚園では、幼稚園教育要領に示された幼稚園教育の基本を踏まえ、幼稚園や地域社会の実態に即して、創意工夫された特色ある教育課程を編成し、具体的な指導計画を作成していくのである。

　幼稚園教育要領解説の第1章、第2節「1 教育課程の編成の基本」(2)には、教育課程の編成の原則として、**図表1**のように記載されている。

2　教育課程の意義および編成上の留意点

　幼稚園教育要領解説には、教育課程を編成するにあたって、以下の3点に特に留意するよう述べられている。

(1) ねらいと内容を組織すること
(2) 幼児期の発達の特性を踏まえること
(3) 入園から終了に至るまでの長期的な視野をもつこと

　教育課程は、入園から修了までの幼児の発達を見通しつつ、幼児期の発達の特性に踏まえて編成されなければならない。教師には、幼稚園教育の内容と方法および幼児期の発達の特質に関する十分な理解を持つことが求められるのである。そのため、教育課程には、それぞれの幼児の発達の時期における具体的な「ねらい」や「内容」が示される。

　各幼稚園において教育課程を編成するに当たっては、まず、入園から修了までの教育期間のそれぞれの時期に、幼児がどのような発達をしていくのか、その過程を捉えていく必要がある。それを明示した上で、それぞれの時期において、どのような幼児の経験と教師による指導が必要なのかを明らかにしていく必要がある。

図表1　教育課程編成の原則

(2) 教育課程編成の原則

　教育課程の編成に当たっては、国立、公立、私立を問わず、すべての幼稚園に対して、公教育の立場から、教育基本法や学校教育法などの法令や幼稚園教育要領により種々の定めがなされているので、これらに従って編成しなければならない。その際、幼稚園の長たる園長は、幼稚園全体の責任者として指導性を発揮し、全教職員の協力の下、以下の点を踏まえつつ編成しなければならない。

　（ア）　幼児の心身の発達

　幼稚園において教育課程を編成する場合には、幼児の調和のとれた発達を図るという観点から、幼児の発達の見通しなどをもち、教育課程を編成することが必要である。

　（イ）　幼稚園の実態

　幼稚園の規模、教職員の状況、施設設備の状況などの人的・物的条件の実態は、幼稚園によって異なっているため、教育課程の編成に当たっては、このような幼稚園の条件が密接に関連してくる。幼稚園の実態に応じて、効果的な教育活動を実施するためには、これらの条件を客観的に把握した上で、特に、教職員の構成、遊具や用具の整備状況などについて分析し、教育課程の編成に生かすことが必要である。

　（ウ）　地域の実態

　幼稚園は地域社会を離れて存在し得ないものである。地域には、都市、農村、山村、漁村など生活条件や環境の違いがあり、文化などにそれぞれ特色をもっている。そのため、幼稚園を取り巻く地域社会の実態を十分考慮して、教育課程を編成することが大切である。また、地域の資源（近隣の幼稚園・保育所・小学校、図書館などの社会教育施設、幼稚園の教育活動に協力することのできる人材など）の実態を考慮し、教育課程を編成することが必要である。

　なお、幼稚園における教育活動が、教育目標に従ってより一層効果的に展開されていくためには、保護者や地域住民に対して幼稚園の教育方針、特色ある教育活動や地域住民の理解や支援を得ることが大切である。

　（エ）　創意工夫を生かすこと

　幼稚園において、地域や幼稚園の実態及び幼児の心身の発達を十分に踏まえ、創意工夫を生かし特色あるものとすることが大切である。

［文部科学省、2008年、pp.52-53］

第2節　幼稚園における教育課程編成の実際

　幼稚園教育要領解説に示されている教育課程編成の原則および編成上の留意点を踏まえ、各幼稚園においては、どのような教育課程が編成されているのだろうか。

　H県内のA幼稚園において編成された教育課程を例示する。この幼稚園における教育課程は「本園の実態」（地域の実態・幼稚園の実態・幼児の実態）、「教育目標」「学級編制」「教育週数」「教育時間」「一日の生活の流れ」「保育内容」「各期の教育課程」という8つの内容から編成されている。その項目のみを図表2に示した。つまり、教育課程というのは、幼稚園教育における全体計画であり、その園の実態や教育目標、学級編制などもそこに位置づけられるのである。

　なお、A幼稚園においては、幼稚園生活における幼児の発達過程の大きな節目となる時期を図表3のように11期に分け、教育課程を編成している。そうした発達の姿と幼児の実態を踏まえ「ねらい」「内容」を設定し、各期の教育課程を編成していくのである。「8.各期の教育課程」に掲げられたⅦ期（4歳児）の教育課程を抜粋し、図表4に示した。

　さらに、A幼稚園においては、この教育課程に基づいて、年間指導計画や月の指導計画などが作成されている。教育課程に定められた種々の事項は、幼稚園教育の基本とする環境を通して行う教育の趣旨に基づいて、具体的な指導計画を作成して実現されるのである。

　指導計画とは、それぞれの時期における幼児の発達や生活の実情などを踏まえて、教育課程に定められたねらいや内容をより具体的に指し示し、環境構成や教師の援助などの指導内容や方法をも明示したものである。教育課程は、指導計画を立案する際の骨格となるものである。

図表2　○○幼稚園教育課程編成の内容項目

1．本園の実態 　（1）地域の実態 　（2）幼稚園の実態 　（3）幼児の実態 2．教育目標 3．学級編制	4．教育週数 5．教育時間 6．一日の生活の流れ 7．保育内容 8．各期の教育課程

［小尾麻希子、2013年、pp.1-11］より筆者作成

図表3　各期における発達の姿

歳児	期	発達の姿
3歳児	Ⅰ期	教師と触れ合い、園生活に慣れていく時期
	Ⅱ期	自分から好きな遊びを見つけ、取り組む時期
	Ⅲ期	幼稚園が安心して過ごせる場となり、友達とのつながりを求めながら、自分らしさを発揮していく時期
4歳児	Ⅳ期	新しい環境に慣れ、安定して過ごせるようになる時期
	Ⅴ期	好きな遊びを見つけたり、周りの人々と関わったりしながら園生活を楽しむ時期
	Ⅵ期	気の合った友達と好きな遊びに夢中になる時期
	Ⅶ期	進んで活動し、自分の思いを表現しながら友達と共に生活する時期
5歳児	Ⅷ期	5歳児としての喜びをもちながら、安定した生活を送る時期
	Ⅸ期	友達と積極的にかかわりながら、5歳児としての自覚をもち、園生活を豊かに膨らませる時期
	Ⅹ期	自分らしさを発揮し、友達と共に目的に向かって活動する時期
	Ⅺ期	周りの人々を受け入れながら、共に生活を創る時期

［小尾麻希子、2013年、p5］より筆者作成

図表4　○○幼稚園教育課程（Ⅶ期（4歳児）抜粋）

Ⅶ期 発達の姿	進んで活動し、自分の思いを表現しながら友達と共に生活する時期		
月	1	2	3
幼児の実態	・身の回りのことを自ら進んでしようとしたり、好きな友達の登園を待ち、誘い合って遊んだりするようになる。 ・先生や友達との会話が活発になり、身近な出来事を話そうとしたり、語彙が増えたりする。 ・友達とかかわって遊ぶ中で、自分の思いを通そうとすることもあるが、相手の思いを受け止めたり、友達のことを思いやったりして優しくできるなど、多様な幼児の姿が見られるようになる。 ・身近な自然物や事象に興味をもってかかわり、友達と感じたことやイメージしたことを表現しつつ、遊びの種類や遊び方が増える。 ・集会活動儀式的行事（お別れ会、修了式）、当番活動の引継ぎなど5歳児の姿を見て、進級することへの期待を膨らませながら過ごす。		
ねらい	○友達との生活を楽しみ、進級することへの期待や自信をもって過ごすようになる。 ○いろいろな遊びに興味や関心をもち、自分の力を発揮したり、様々な方法で表現したりして遊ぶ楽しさを味わう。 ○友達と触れ合ったり、話し合ったりしながら遊ぶ楽しさを味わう。		
内容	・衣服の着脱や手洗い、うがいなど、冬の生活や健康のために必要なことが自分で気づいてできるようになる。 ・集団生活の中で必要なルールやきまりに自ら気づいて行動する。 ・学級や異年齢の友達と遊んだり、親切にしたりする。 ・5歳児に教えてもらいながら動植物の世話の仕方を知り、当番活動をしながら、信頼感や責任感をもつ。 ・友達と一緒に遊ぶ楽しさを味わいながら、寒さに負けず、戸外で思い切り身体を動かして遊ぶ。 ・自分なりに目標をもち、繰り返し挑戦する。 ・日常生活の中で、数量や図形、文字に関心をもつ。 ・遊びの中で必要な用具や道具の使い方を知る。 ・空気の冷たさや氷、霜など、冬の自然現象に興味や関心をもって見たり、触れたり、遊びに取り入れたりする。 ・木の芽吹きや天候・気温の変化など、冬から春への季節の移り変わりに興味や関心をもって見たりする。 ・絵本や童話を聞いてイメージを膨らませ、自分なりにイメージしたことや感じたことを動きや言葉で表現したり、登場人物になりきって遊んだりする。 ・自分の思いや考えを言葉で表現する。 ・身の回りを美しくすることに関心をもつ。		

［小尾麻希子、2013年、p9］より筆者作成

第3節　幼稚園における指導計画の実際

　指導計画には、年間指導計画や学期、月、あるいは、発達の時期を節目とした期の指導計画など、長期的な見通しをもった指導計画と、それと関連をもちつつ、具体的な幼児の生活に即して作成された週の指導計画や日の指導計画などの短期の指導計画とがある。

　長期の指導計画を作成する際には、園行事を位置付けたり、それぞれの季節に応じた園庭や地域の自然環境を生かした遊びの環境を見直したりするなど、その幼稚園独自の幼児の生活を具体的に示す。さらに、そうした生活における幼児の育ちや具体的な経験内容を、全教職員で話し合い、共通理解しながら指導計画を作成していく。教師一人ひとりが長期的な見通しをもって日々の保育を考えつつ、幼稚園の全教職員が協力し、指導計画を作成していくという特徴がある。

　短期の指導計画は、長期の指導計画を基に、学級の幼児の実態を踏まえて、学級担任が作成するものである。学級担任は、学級の幼児一人ひとりの興味や遊びへの取り組み方、仲間関係、生活する姿などを把握した上で、ねらいや内容を具体的に設定し、それに即した環境構成や教師の援助などを明らかにしていく必要がある。こうして、幼児の生活と教師の意図が絡み合った創意工夫ある指導計画が作成され、保育が展開されるのである。

　なお、指導計画は、それに基づいた実際の幼児の生活に応じて、日々改善されていくものである。教師は、幼児の姿を踏まえて自身の保育を振り返り、環境構成や教師の援助などについて検討を加えていく。こうした教師による日々の反省と評価によって、指導計画の改善が図られていくのである。また、この指導計画に対する評価と改善の積み重ねの中で、教育課程も評価・改善されていく。教育課程に基づいて作成されたA幼稚園の1月の指導計画の一部を抜粋して、**図表**5に示した。

図表5　〇〇幼稚園4歳児1月指導計画（抜粋）

幼児の姿	内容	環境構成	幼児の活動	教師の援助	ねらい
・冬休みに経験したことを喜んで友達や先生に伝えようとしたり、お正月の遊びを友達と一緒になって遊ぼうとしたりする。 ・絵本を見たり、お話の世界に登場する人物や動物などになってごっこ遊びを楽しむようになる。また、学級に必要なものを作ったりしている中で必要なものを作ったりごっこ遊びに使ったりして遊びを広げ、音楽に合わせて表現して表現して遊ぶことを楽しむようになる。 （以下略）	・絵本に親しみ、興味や関心をもって見たり、イメージで表現したことを動きや言葉で表現したりすることを楽しむ。 ・イメージを膨らませながら、身体を動かしたり、組み合わせて音楽やリズムに合わせて、歌ったりすることを楽しむ。 ・イメージを作ったり、描いたり、作ったりして、保育室に置いたり友達と一緒に遊んだりする。 ・イメージしたことを感じたことを友達と共有しながら、言葉のやりとりをしたり表現方法を考えあったりする。	・幼児一人ひとりが創意工夫しながら作りものをしたりすることができるような素材や用具など幼児の扱いやすいように構成して置いておく。 ・幼児が描いたり作ったりしたものを保育室に貼ったり、幼児と共に保育室にお話みあわせて置いてお話の世界を再現したり、これまでに幼児が興味をもって運動遊具を保育室周辺に構成したり、幼児と一緒に構成の仕方を考えたりする。	・絵本を見る「10ぴきのかえる」「11ぴきのねこ」など ・お話の世界に登場するものや、ねこなどになって、イメージすることを身体で表現したり、リズムに合わせて動いたり歌ったりする。 ・お話の世界からイメージして、描いたり作ったりしたものを保育室に貼ったり、組み合わせて置いてごっこ遊びをする。（かえるの家、ねこの家、トンネル、船など） ・作ったものや用具を使って、お話の世界からイメージして遊ぶ。 ・様々な運動遊具や用具を使って、お話の世界からイメージで表現して遊ぶ。	・教師も幼児と一緒に遊びながら幼児一人ひとりのイメージや感じたことを捉え、それらが他の幼児にも伝わっていくように仲立ちをする。 ・幼児と一緒に絵本の中に登場する動物のセリフやリズミカルな表現をしたり、その場面での様子を身体の動きで表現したりしながら、幼児の豊かな表現を引き出していく。 ・好きな遊びの中で捉えた遊び方を表現や創意工夫した遊び方を学級活動の場に取り入れ、友達とのやりとりを共に動いたり言葉にしたりする楽しさを味わえるようにする。	○友達と感じたことや考えたことを動きや言葉で表現したり、友達と共有しながら様々な方法で表現したりする楽しさを味わう。 ○寒さに負けず、戸外で身体を十分に動かして遊ぶようになる。 ○身近な自然現象に興味をもってかかわるようになる。

（以下略）

[小尾麻希子、2013年、p33] より筆者作成

【引用・参考文献】

小尾麻希子『幼稚園教育課程・指導計画集』武庫川女子大学小尾麻希子研究室、2013年

文部科学省『幼稚園教育要領解説』フレーベル館、2008年

文部科学省『指導計画の作成と保育の展開〔平成25年7月改訂〕』（幼稚園教育指導資料 第1集）フレーベル館、2013年

（小尾麻希子）

第6章 保育所における保育課程と指導計画

第1節 保育所保育指針と保育課程

1 保育所保育指針における保育課程の位置づけ

　保育所は、子どもの健全な心身の発達を図ることを目的とした児童福祉施設である。そのため、保育所の保育は、その目的を達成するために、保育に関する専門性を有する職員が、家庭と連携し、子どもの状況や発達過程を踏まえ、環境を通して、養護および教育を一体的に行うことを特性としている。つまり、保護者が忙しいときに保育者の代わりに子どもを遊ばせ、面倒をみてくれる「子守り」とは違う。では、どのように違うのであろうか。保育所保育指針の第4章「保育の計画及び評価」には、保育の計画の意義と責任について以下のように示している。

　　保育課程及び指導計画（以下「保育の計画」という）は、すべての子どもが、入所している間、安定した生活を送り、充実した活動ができるように、柔軟で発展的なものとし、また、一貫性のあるものとなるよう配慮することが重要である。
　　また、保育所は、保育の計画に基づいて保育し、保育の内容の評価及びこれに基づく改善に努め、保育の質の向上を図るとともに、その社会的責任を果たさなければならない（一部抜粋）。

保育所保育指針を基に、各保育所はそれぞれの地域的な環境、社会的ニーズ、園の特色を踏まえて「保育課程」を編成する。そしてその内容は、不変のものではないが、数か月や数年単位で変更される短期的なものでもない。保育所保育指針は、2008（平成20）年に改訂されたものである。その時代により少しずつ社会のニーズや子どもの姿は変化するため、保育も変わっていくことは当然である。しかし、ただニーズに応えるだけではなく、福祉の理念にのっとって、入所する子どもの最善の利益を考慮した上で、日々の保育の中から見直され、さらなる保育の質の向上が行なわれるべきものである。

2 「保育課程」とは

　「保育課程」とは、年間計画や月案などの長期的な計画の指導計画の基になるものであり、その園の保育の特色を示すものである。そのため、

〈事例1〉　稲沢市保育課程

〔保育理念〕保育に欠けるすべての子どもにとって最もふさわしい生活の場を保障し、愛護するとともに最善の利益を守り保護者や地域と共にその福祉を積極的に増進する。

〔保育方針〕心身ともにたくましく、よく遊ぶ子どもを育成する。

〔保育目標〕

- ◆十分に養護の行き届いた環境の下に、くつろいだ雰囲気の中で子どもの様々な欲求を適切に満たし、生命の保持及び情緒の安定を図る。
- ◆健康、安全など生活に必要な基本的な習慣や態度を養い、心身の健康の基礎を培う。
- ◆自然や社会の事象についての興味や関心を育て、それらに対する豊かな心情や思考力の基礎を培う。
- ◆人との関わり中で人に対する愛情と信頼感、そして人権を大切にする心を育てるとともに自主、協調の態度を養い、道徳性の芽生えを培う（一部抜粋）。

（稲沢市社会保健部　こども課「保育課程」より）

例えば、保護者からどのような保育を行なっているのか、という問い合わせに対して提示する内容となり、また、保育士等の職員同士の保育の共通理解を行う基本になるものである。

では、具体的に保育課程とはどのようなものなのであろうか。稲沢市こども課の「保育課程」を参照してみる。

事例1の〔保育理念〕を見ると「保護者や地域と共にその福祉を積極的に増進する」とあり、地域に根付いた福祉の理念がうかがえる。また〔保育方針〕では「心身ともにたくましく、よく遊ぶ子どもを育成する」とあり、心身の健康と遊びを大切にした保育が行われていることがうかがえる。

第2節 養護と教育を踏まえた保育の計画

1 養護と教育とは

保育所の保育の大きな特徴の1つに、養護と教育が一体となった保育というものがあり、保育所保育指針の第3章「保育の内容」では、以下のように示されている。

> 保育士等が、「ねらい」及び「内容」を具体的に把握するための視点として、「養護に関わるねらい及び内容」と「教育に関わるねらい及び内容」との両面から示しているが、実際の保育においては、養護と教育が一体となって展開されることに留意することが必要である（一部抜粋）。

養護とは、子どもの生命の保持および情緒の安定を図るために、保育士等が行う援助や関わりである。教育とは子どもが健やかに成長し、そ

の活動がより豊かに展開されるための発達の援助である。これらは健康、人間関係、環境、言葉および表現の5領域から構成されている。その養護と教育が一体となって保育が行われるためには、まずは養護の生命の保持と情緒の安定が満たされることが大切である。その上で、子どもが健やかに成長し、活動がより豊かに展開されるための教育が行われるのである。

2　求められる養護と教育の実際

　幼稚園は満3歳からの入園が原則であるが、保育所は0歳児から入所が可能である。そのため、乳児保育（0歳児）および3歳未満児（1、2歳児）の保育に関わる配慮事項では、健康、生活に必要な基本的な習慣、一人ひとりの欲求を適切に満たすなどの「生命の保持」と、安心できる場や関係、主体的な気持ちが育まれる「情緒の安定」に関する配慮事項が非常に大切になってくる。

　また保育所は、改正児童福祉法第24条の規定に基づき、保育を必要とする乳児・幼児の保育を行う施設であり、特に0～3歳未満児を保育所に預ける場合は「保育の必要性の認定」を受ける必要がある。「保育の必要性の認定」とは、保護者の就労、疾病、障がい、または、家族の介護、産前産後、災害などの市町村が定める事由によって、客観的判断により認められることである。入所の長い子どもは卒園まで6年間、さらに長時間保育を利用すれば、一日の大半を保育所で過ごすことになる。それこそが、保育所の保育に求められる社会的ニーズの1つであり、児童福祉施設としての責任であるため、養護と教育が一体的に行われる特性となっている。

3　養護と教育を一体化した保育の計画

　養護と教育を一体化した保育の計画とは、どのようなものであろうか。豊田市立こども園の指導計画の一部〈**事例2**〉を見てみる。

養護と教育が一体化した保育の計画とは、実際の保育ではごく自然な関わりや援助であり、別々に計画し、行えるものではない。ただし上述したように保育所では、乳児、3歳未満児、長時間保育などを利用する子どもがいるため、心身の発達がめざましい乳幼児期を過ごす生活の場としての環境構成、配慮、関わりが重要である。

〈事例2〉　4歳児　ひまわり組　6月の指導計画

〈子どもの姿〉
　ほとんどの子が、登園後、自分で身支度を行えるようになってきた。保育者に認められると、得意そうにする姿がある。しかし、声をかけないとかばんをしまうだけで、遊びはじめてしまう子もいる。
　気に入った友達を誘ったり「いれて」と遊びに入れてもらったりして、友達と遊ぶ楽しさを感じている子が多い。関わりが増え自分の思いがはっきりあることで、トラブルも増えてきている。
　気温が高くなり、木陰を求めたり、砂場で素足の心地よさを感じたりしている。

＜ねらい＞
- 夏の生活の仕方が分かり、できることは自分でしようとする。
- 自分の好きな遊びを見つけ、保育者や友達と一緒に遊ぶことを楽しむ。

＜内容＞
- 水遊びの支度の手順をおぼえ保育者に手伝ってもらったり、見守られたりしながら、着脱したり衣服を丁寧にたたもうとする。
- 砂や泥、水の感触を楽しみながら遊ぶ。
- 簡単なルールのある遊びを保育者や友達と一緒に楽しむ。
- 七夕の由来を知り、のりやはさみなどの身近な道具を使って、七夕製作を行ったり、七夕会に参加したりして楽しむ。
- 空き箱などの身近な素材を使いながら、自分のイメージで見立ててつくることを楽しむ（一部抜粋）。　　（豊田市立中山こども園指導計画より）

第3節 指導計画作成の特徴と自己評価

1 指導計画作成の特徴

　では、特に「保育所の指導計画」にはどのような特徴、留意する事項があるのだろうか。保育所保育指針の第4章1「保育の計画」(3)には、以下の5つが示されている。
　　ア　発達過程に応じた保育
　　イ　長時間にわたる保育
　　ウ　障害のある子どもの保育
　　エ　小学校との連携
　　オ　家庭及び地域社会との連携
　その他にも、実際に保育を行っていると、特に乳児から3歳児クラスでは母親の出産などによる途中の入退園があったり、4月では進級児と新入園児が混在したりと、なかなか落ち着かないクラスの雰囲気になったりもする。よって、「保育所保育指針」に示されている事項とともに、担任するクラスの子どもの姿をよく捉えて、長期的な指導計画から、短期的な計画を作成し、日々の保育のねらいを明確にしていく必要性がある。

2 保育所の指導計画

　指導計画は主に、担任保育士が立案し、主任、園長が評価しコメントを加筆する。それを基に担任保育士は指導計画を修正することによってより安全で充実した保育につながっていく。**図表**は豊田市立こども園の3歳児の4週案である。
　指導計画の様式は各園によってさまざまである。また、その記述内容も保育と同様に正解があるものでもない。すると、どう書いたらよいのか悩んでしまうかもしれないが、よい指導計画というものはある。それ

図表　豊田市立こども園　3歳児　4月指導計画（一部抜粋）

3歳児	みかん組	4月1日 ～ 4月30日	指導計画		

子どもの姿	ねらい	内容		園長	主任	担任
新しい名札や自分の持ち物を通して入園や進級した姿に喜ぶ姿がある。しかし、慣れない生活や環境から、緊張や不安を感じて、今までできていたことを「やって」と保育者に甘える姿もある。	・保育者と一緒に園での生活の仕方を知り、安心して過ごす。・保育者に親しみをもったり、好きな遊びを見つけて安心して過ごす。	・朝や帰りの支度、食事、排泄など、身の回りのことを保育者と一緒に行い、一日を安心して過ごす。・保育者に親しみをもったり、好きな遊具や落ち着く場所を見つけて、安心して遊ぶ。			1週　評価反省 進級園児は、新しい環境に興奮する姿も見られたが、いつもの保育者がいれば、給食やお昼寝では落ち着いて過ごせた。	

<保育室の環境図>

環境構成（▲）及び　保育者の援助（◆）・予想される活動

▲ロッカーや靴箱などに自分の場所がわかるようにマークを貼っておく。
◆マークを見て○○ちゃんはうさぎさんのマークだねなど、場所と絵を確認しながら一緒に支度を行い、安心して園生活を送れるようにする。
▲玩具の数や種類は、子どもの姿を見ながら出し入れをする。
◆子どもと一緒に遊びながらこれかっこいいね、素敵なのが描けたねと声を掛けたり○○ちゃんも一緒にやらないと遊びに誘ったりして、園生活の楽しさを伝えていく。
▲天気のいい日はこいのぼりを上げる。
◆誕生日やこいのぼりの歌を繰り返し歌ったり、園庭でこいのぼりを見たり、こどもの日の話をしたりして、行事や園生活に関心がもてるように繰り返し伝えていく。

2週　評価反省
新入園児の泣き声につられて、進級園児らも不安そうな表情が見られた。生活の見通しが持てるように、丁寧に関わりたい。

3週　評価反省
クラスや担任の名前を覚えてきて、新入園児も笑顔が見られるようになってきた。一人一人との関わりを大切にしたい。

4週　評価反省
こいのぼりを見に行くと、「ぼくのうちにもある」と嬉しそうに話す子や、「おしべりを楽しみながら園生活の楽しさを知らせていきたい。

5週　評価反省
月曜日などの休み明けの朝は、まだ泣いてしまう子も。GW明けからも笑顔で登園できるように、活動内容など工夫していきたい。

<保育室の環境図>

	まちごとコーナー	絵本コーナー	支度用机	ロッカー

予想される活動（行事等）

1日(月)	2日(火)	3日(水)	4日(木)	5日(金)	8日(月)	9日(火)	10日(水)	11日(木)	12日(金)
春季保育					入園式	慣らし保育			

15日(月)	16日(火)	17日(水)	18日(木)	19日(金)	22日(月)	23日(火)	24日(水)	25日(木)	26日(金)
身体測定の見学	戸外探検	リズム遊び	身体測定			こいのぼり製作	リズム遊び	園内探検	避難訓練

29日(月)	30日(火)
祝日	こどもの日を祝う会

(備考)
手遊び「げんこつやまのたぬきさん」「ちいさなにわ」「キャベツのなかから」
歌「こいのぼり」「チューリップ」「たんじょうび」

は、その指導計画を読むと、その保育が目に浮かぶように伝わってくる指導計画である。足りない箇所は、指導されながら修正することができるため事細かな完璧な計画でなくても、目の前の子どもたちを見つめ、自分のことばで記し、唯一無二の指導計画こそ、魅力ある保育につながる生きた指導計画だといえる。

3 保育の記録と自己評価

指導計画を基に行った保育や、保育後の自己評価はどのように振り返られて、次の保育に生かされているのであろうか。**図表**の指導計画を基

〈事例3〉 3歳児「めがあったよ」4月19日（火）

昨日のこいのぼり製作が楽しかったからかA子、B太、C美は、こいのぼりを描き始めた。好きなように絵を描くB太、C美に対し、A子「せんせい、きのうさ、みたときにこいのぼりさんどんなだった？」と聞いてきた。保育者「うーん、どうだったかな？ A子ちゃんはおぼえている？」（他の子にも聞こえる声で）A子「あんまりおぼえてない」という。しかし、何か描きたいものがあるのかな？ 他の子からヒントが出ないかな、と待っていると、会話を聞いていたD子が「めがあったよ！ おおきの！」保育者「あぁ！ そういえば目があったね。Dちゃんよくおぼえていたね」（A子の描きたかったのはこれかな？）A子「そう！ め！ おめめがかきたかったの。おめめかこー」とすっきりしたように嬉しそうに目を描いていた。B太、C子もそれを真似て、目を描いていた。保育者「目がついて、こいのぼりさんもうれしそうだね」と声をかけ、その場を離れた。しばらくして、C子が「こっちにもかいたの。かわいいでしょう」と裏にも目と模様みたいなものを描いてきた。A子、B太も「みて〜」と同じようなものを描いてきた。友達から受ける刺激は、子どもたちにとってやはり大きいものだと感じた。3歳だからこそ、子どもの気づきを大切にし、肯定的にとらえるようにしていきたい。

（豊田市立越戸こども園「実践記録」より）

に行った実践記録〈**事例3**〉を見てみる。

　〈事例3〉の担任保育士は、指導計画にあげたねらいを基に活動や環境を構成しているが、保育中は、実際の子どもの姿や思いを適切にくみ取りながら（周りの子にも聞こえる声で）仕掛けたり、（他の子からヒントがでないかな）と保育士が意図したりすることによって、子どもはより活動を楽しんだり、友達と関係を築いたりして経験を豊かにしている。そして、保育後に担任保育士は、今日の保育を振り返り、自分の立てた計画は適切だったか、子どもの主体性ある活動展開や関わりができたかなどを謙虚に自己評価している。

　このように実践記録などを用いて自己評価や反省を行うことは、保育をよりよくするために欠かせないことであり、子どもたちの顔を思い浮かべながら、明日の保育の準備を行うやりがいにつながるものである。

【引用・参考文献】
　神田英雄『保育に悩んだときに読む本　発達のドラマと実践の手立て』ひとなる書房、2007年
　久富陽子編『幼稚園・保育所実習　指導計画の考え方・立て方』萌文書林、2009年

（田村佳世）

第7章 認定こども園における教育・保育課程と指導計画

第1節 幼保連携型認定こども園

　認定こども園は、2006年、いわゆる「認定こども園法」の施行によって、保育と教育をつなぐ画期的な制度＝施設として登場した。幼保連携型、幼稚園型、保育所型、地方裁量型の4種類の施設がある。2012年8月には、いわゆる「子ども・子育て関連3法」が成立し、さらに2015年度から、新しく「子ども・子育て支援新制度」が施行されたことに伴い、従来とは異なる新しい幼保連携型認定こども園が重点化されることになった。従来の幼保連携型認定こども園が、幼稚園（学校）と保育所（児童福祉施設）がそれぞれ独立した部分として共存する複合的施設であったのに対して、新しい幼保連携型認定こども園は、幼稚園のように「学校教育法」第1条に規定された9つの「学校」の1つではないが、学校と児童福祉施設両方の性格を兼ね備えた法的位置付けを持つ「単一の施設」として、上位の法律である「教育基本法」第6条に定められた「学校」とみなされたわけである。

　2015年度から施行された「子ども・子育て支援新制度」の大きな流れの中で、認定こども園が受け入れる園児は、保育の必要性の有無と長短に応じて、3種類に区分されている。すなわち「認定区分」が示すように、子どもは、保育の必要量に応じて「1号認定」「2号認定」「3号認定」に区別されている。なお、この認定に当たっては、市町村が、保護者からの申請に基づいて、長／短時間の区分、優先利用等について、国

の定める基準に基づきながら、ひとり親家庭、虐待の可能性の有無などを考慮して、認定証を交付することになっている。

第2節 幼保連携型認定こども園の教育・保育課程

　認定こども園における「教育・保育課程」については、「幼保連携型認定こども園教育・保育要領」の第1章の第2「教育及び保育の内容に関する全体的な計画の作成」において明記されている。この規定で重要なことは、次の7つにまとめることができる。

　(1) 従来、幼稚園教育要領では「教育課程」、保育所保育指針では「保育課程」と言われていたものが、「幼保連携型認定こども園教育・保育要領」では「全体的な計画」と呼ばれている。このような呼び方は、幼保連携型認定こども園が「一体的な施設」として、「教育及び保育」を「一体的／総合的（なもの）」──単に「教育の時間」と「保育の時間」をつなぎ合わせたものではないもの──として提供するという幼保連携型認定こども園の理念の現れである。

　(2) 「幼保連携型認定こども園教育・保育要領」は「教育及び保育」の内容を大綱的・概略的に示したものなので、園は、最終的には園長の責任で、それぞれの園の教育・保育の理念に照らし合わせて、「全体的な計画」を「総合的」な観点から編成しなければならない（**図表1**）。

　(3) 編成に当たっては、主として「教育基本法」「児童福祉法」および「認定こども園法」その他の法令、並びに「幼保連携型認定こども園教育・保育要領」に基づかなければならない。

　(4) 「全体的な計画」は、次に示す4つの種類の部分的計画から構成されている。すなわち、①満3歳以上の園児（1号・2号認定）の「教育課程」にかかる教育時間（4時間）における教育活動の計画、②満3歳未満の保育を必要とする子どもに該当する園児（3号認定）の教育および

保育の時間（8時間）の計画、③満3歳以上の保育を必要とする子ども——「児童福祉法」では「保育に欠ける子ども」——に相当する園児（2号認定）の教育及び保育の時間（8時間から①の教育時間の4時間を除く時間）の計画、④「地方における園児の保護者の労働時間その他家庭の状況等を考慮すること」という規定に応じて、「延長保育」「夜間保育」「休日保育」「一時預かり事業」を含む園全体の計画である。なお、「教

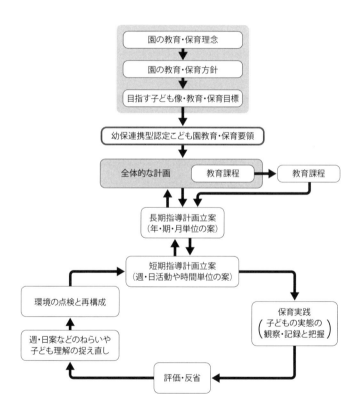

図表1　全体的な計画と指導計画

出典：[林邦雄他、2012、p46] を基に筆者作成

育課程」は「全体的な計画」に含まれてはいるが、幼稚園教育要領と整合性を保つために、同じ内容のものが別途、作成される必要がある。

　(5) それぞれの幼保連携型認定こども園は、「幼保連携型認定こども園教育・保育要領の第2章 第1「ねらい及び内容」に示されている「ねらい」すなわち「幼保連携型認定こども園修了までに育つことが期待される生きる力の基礎となる心情・意欲・態度など」を達成するために、「内容」すなわち五領域（健康／人間関係／環境／言葉／表現）にわたって「指導する事項」を「創意工夫」をもって編成しなければならない。すなわち、教育課程の編成原理として、①目的、②スコープ（scope：領域的概念で、内容の範囲・領域）、③シークエンス（sequence：時間的概念で、内容の系列・順序）が不可欠であるということである。

　(6) 満3歳未満の保育を必要とする子どもに該当する園児（3号認定）の教育および保育の時間（8時間）の計画は、保育所で言う「保育」と同じものであるが、幼保連携型認定こども園は、全ての子どもを対象とするため、これを「教育及び保育」と呼び変えて、0歳児から、5領域を視野に入れた活動を計画しなければならない。

　(7) 満3歳以上の保育を必要とする子どもに該当する園児（2号認定）の教育および保育の時間については、教育時間の4時間は、1号認定のいわゆる幼稚園児と共通の時間を、クラスに編成されて担任と過ごすから、その時間を除いた時間のための計画を「配慮事項（養護）」として作成する必要がある。

第3節 認定こども園の一日の流れ（デイリー・プログラム）

　本節では、国が最も力を入れている幼保連携型の認定こども園のうち「0歳児から5歳児までの発達・育ちを見通した全体的な計画」を志向するA園の一日の流れを紹介することにする（**図表2**）。

　縦軸には、一日の時間が、7時から20時まで示され、横軸には、「0〜

2歳児」(3号認定)、「3～5歳児」の「教育標準時間園児」(1号認定)、同じく「保育標準時間園児」(2号認定のうち、フルタイムの8時間在園する長時間保育児)と「保育短時間園児」(2号認定のうち、フルタイムではなく在園する短時間保育児)が区別されている。

　重要なことは、3～5歳児について、10時から12時まで設けられている「年齢別活動」で、これは、専任の保育教諭が担任を勤めるクラス単位の活動として、幼稚園の「教育時間」に相当する。なお、1号認定児

図表2　ディリープログラム

	0～2歳児	3～5歳児(G=グループ)		
		教育標準時間園児	保育標準時間園児	保育短時間園児
7:00	開園 随時登園・視診	開園 (希望者一時預かり保育)	開園・随時登園・視診 身支度の整理 異年齢活動① 1G	開園 (希望者延長保育)
8:00	発達にあわせた活動① ごっこ遊び・指先を使った遊びなど	随時登園・視診 身支度・異年齢活動①1G		随時登園・視診 身支度・異年齢活動①1G
9:00		1Giは朝のおあつまり・出席確認等後、異年齢活動②。 随時登園してくる園児は2Gとし身支度の整理・異年齢活動①		
		異年齢 2G の朝のおあつまり出席確認後、全体で朝の挨拶		
10:00	おやつ			
11:00	発達にあわせた活動② 表現遊び・構成遊びなど	年齢別活動① 教育・保育計画に基づいた活動	年齢別活動① 教育・保育計画に基づいた活動	年齢別活動① 教育・保育計画に基づいた活動
12:00	給食			
		異年齢1G給食準備・異年齢2G異年齢活動②		
13:00	午睡 起きた子から発達にあわせた活動③	Gごとに 給食・片付け		
14:00		年齢別活動②	年齢別活動②	年齢別活動②
		随時降園 (希望者一時預かり保育)	異年齢活動③ 個々に応じて休息	異年齢活動③ 個々に応じて休息
15:00	おやつ		おやつ	おやつ
16:00	発達にあわせた活動④ ふれあい遊びなど		異年齢活動④	随時降園 (希望者延長保育) 延長保育児は異年齢活動④
17:00				
18:00	随時降園		随時降園	
19:00	延長保育	(希望者一時預かり保育)	延長保育	(希望者延長保育)
20:00	閉園	閉園	閉園	閉園

出典：［全国認定こども園協会、2016、p69］より

のうち「教育時間」以降の保育を希望する者は「一時預かり保育事業」の対象となり、2号認定のうち長時間保育児について、8時間を越える保育を希望する者は「延長保育」の対象になる。

第4節 指導計画の立案

　「全体的な計画」に基づいて教育・保育の目標や方針を具現化した実践計画が「指導計画」と呼ばれるもので、大きく「長期指導計画」（年・期・月）と「短期指導計画」（週・日）に分けられる。

　長期指導計画は、認定こども園全体が、「全体的な計画」に基づいて立案するものであるのに対して、短期指導計画は、保育教諭が、実際の子どもたちの様子に応じて、その週の活動の流れや、一日の活動を見定めて、立案するものである。「日案」には、まず、「月のねらい」や「園児の姿」、「日のねらい」「日の内容」を記したうえで、少なくとも3つの時間帯に分けて、内容を記すことになる。例えば、デイリープログラムを紹介したA園の3歳児以上のクラスなら、(a)7時～10時の時間帯と、(b)10時～12時の時間帯、そして(c)12時以降の時間帯である。これらのうち、(a)と(c)の時間帯には、「教育時間を除いた時間」に行われる教育・保育の内容を記し、(b)の時間帯には、「教育時間」に行われる教育内容を、「教育・保育の流れ」「環境構成」「保育教諭等の指導（援助）及び指導上の留意点」に分けて記すことになる。なお、最後に「保育の評価」を、その日の振り返りとして、記録する。このようなPDCA (Plan/Do/Check/Action) サイクルのカリキュラム・マネジメントを行うことによって、教育・保育の質が担保されるとともに、より一層の向上が見込まれることになる。

第5節　指導計画作成の留意点

　幼保連携型認定こども園には、その「教育及び保育」の一体的提供という特性に応じて、保育教諭が配慮すべき事柄が多々ある。それを列挙すると次のようになる。これらの事柄は、必ずしも全てが指導案作成に反映されるわけではないが、指導案を作成するに際しては、「子どもの最善の利益」を尊重するため、常に念頭に置いておくべき「配慮」である。

1　在園期間や時間等が異なる多様な園児がいることへの配慮

　認定こども園は、在園時間の長短、入園時期や登園日数の違いなど、多様な園児同士が共に生活する中で、自己を発揮しながらお互いに刺激し合い育ち合っていく場である。このような特色を生かすために、次のような配慮をすること。

(1) **発達の連続性・学びの連続性**

　乳幼児期から小学校教育への滑らかな接続を見通した「発達と学びの連続性」を保障すること。すなわち、登園から降園までの一日、さらに入園から修了までの在園期間全体を通した教育および保育についての指導計画を策定すること。なお、発達上の課題を持った特別に支援を必要とする園児については、個別に指導計画を立てること。

(2) **一日の生活の流れ**

　園児一人ひとりの一日の生活の流れが自然なものとなるよう、活動や環境構成等を工夫するとともに、在園時間が異なる多様な園児が1つの学級を形成することで活動が豊かになるようにすること。

(3) **登園する園児と登園しない園児がいる期間中の配慮**

　年間を通して教育・保育が行われる長時間児と、夏休みや冬休みなどの長期休業がある短時間児がいることを前提として、短時間児が、地域の人々とのつながりの中で多様な体験ができるよう、地域に開かれたカ

リキュラムを作成し、全園児での園生活が再開される際には、多様な経験が生かされるように配慮すること。

2　2歳児から3歳児への移行に当たっての配慮

満3歳以上になると、園内で2歳児から移行する園児、3歳児から新たに入園してくる園児、他園から転園してくる園児が、同一学年の園児で構成される学級単位の集団生活を行うこともある。このことを踏まえて、次のような配慮をすること。

(1) **2歳児の学級から3歳児の学級へ移行する園児に対する配慮**

　　担当者や環境が急激に変化すると、不安になる園児もいるので、安心して過ごせるように、2歳児後半から3歳児以上の園児と交流する機会を設けたり、受け入れ場所や担当者に連続性を持たせたり、連携したりすること。

(2) **新入園児や他園から転園してくる園児に対する配慮**

　　園児の発達の連続性を保ち、園内での生活に慣れるまでの個人差に注意すること。

(3) **新たな3歳児の学級をつくっていくための配慮**

　　集団生活の経験年数が異なる多様な園児が安心して過ごせるよう、園児と担任の保育教諭等が信頼関係を築くとともに、園児同士がどのようなつながりを育てていくのかについて明確なビジョンをもって計画を立てること。

3　子育て支援に当たっての配慮

認定こども園は、地域における全ての子どもの健やかな発達を支える最も身近で、信頼できる子育て支援機関として、地域にある母子保健、福祉、医療、教育などの機関が、単独に行うのではなく、認定こども園が中核となり各機関と協働・連携することが、教育・保育課程にも反映されなければならない。

(1) **子育ての支援全般にかかわること**

園と保護者が協力して子どもの育ちを支えていく関係性を構築し、子育てをする地域社会の中心となってネットワークを構築すること。

(2) **在園児の保護者に対する子育ての支援**

生活形態が異なる保護者間の相互理解が深まるよう工夫したり、保護者に寄り添いながら支援をするために、保育教諭の専門性を発揮したりすること。

(3) **地域の保護者に対する子育ての支援**

多様な専門機関や専門職・地域の人材等との連携体制を構築するとともに、そのような連携を生かせるような活動を行うこと。

【引用・参考文献】

全国認定こども園協会編『NEW 認定こども園の未来―保育の新たな地平へ』フレーベル館、2016年

内閣府・文部科学省告示第1号・厚生労働省『幼保連携型認定こども園教育・保育要領〈平成26年告示〉』フレーベル館、2014年

林邦雄・谷田貝公昭 監修、髙橋弥生 編著『保育・教育課程論』(保育者養成シリーズ) 一藝社、2012年

保育総合研究会監修『幼保連携型認定こども園教育・保育要領サポートブック』世界文化社、2015年

幼保連携型認定こども園教育・保育要領の改訂に関する検討会(内閣府)第6回配付資料「幼保連携型認定こども園教育・保育要領の改訂に関する審議のまとめ」平成28年

（岸　優子）

第8章　0歳児の指導計画

　誕生からの一年は人生の中で最も成長発達が著しく、今後の人生の基礎をつくる大事な時期である。その最も重要な時期を預かる0歳児保育で大切にしたいことは、一人ひとりの生活リズムを尊重し、家庭と連携し、24時間を見据えた保育を実施していくことである。0歳児クラスには産休明け（誕生から57日目）で入園する子どもと、入園間もなく誕生を迎える満1歳近い高月齢の子どもがおり、月齢はおよそ10カ月の差がある。このように発達に大きな違いのある0歳児の指導計画はクラス別や月齢別による計画を作成するだけではなく、一人ひとりの個別計画と両方を作成し、保育をしていくことが必要となってくる。指導計画を立案するに当たっては、一人ひとりの生活実態と発達過程を的確に捉え、子どもの最善の利益の実現に向けて作成されなければならない。

第1節　0歳児クラスで作成すべき指導計画

1　長期的な指導計画——年間・期間・月間指導計画

　0歳児の1年間の発達は目を見張るものがある。年間指導計画を立てるときには、月齢による発達の違いを考慮して作成することが必要である。クラス全体の年間・期間指導計画は、月齢・発達ごとの小グループに分け、それぞれの発達の道筋を示し、1年間で育っていくであろう姿をイメージして作成する。年間を通した予測は極めて難しく、大筋の保育内

容を保育者が決めて記入することになる。

　0歳児クラス全体の月間指導計画（月案）は、月齢ごとの小グループに分け、グループ別の指導計画を作成する。各グループごとにねらいや内容が実現できるように具体的に作成していく。その月の子どもの実際の姿を整理し、翌月に育ってほしい子どもの姿を思い描き、ねらい・内容・環境構成（図でもよい）を記入する。0歳児ならではの共通する集団としての育ちを把握し、生活の取り組み、人との関係、遊びへの取り組みなど、季節やその月の行事等を考慮し作成する。0歳児は、クラス全体の指導計画のみで、一斉に保育することはできないため、クラス全体の指導計画のほかに、子ども一人ひとりの個別指導計画を作成し保育することが必要である。その両方を作成することにより、子ども一人ひとりの人権と人格を保障する保育が実現できる。

2　短期的な指導計画──週案（週間指導計画）・日案

　週案・日案は、月のねらいを達成するために具体的な内容・経験したい活動などを表したものである。

　0歳児の週案は家庭との連携の下、24時間の流れを意識して作成する。一人ひとりの育ちや生活の特徴を考慮し、個別性を尊重した個別計画を作成するのが基本である。

　日案は週案と一緒に作成し、日々の記録も一緒に記入できるように工夫するとよい。一週間の子どもの生活と遊びの様子等から、子どもの状況を捉えて保存することができるようにし、日々の記録から評価・反省し、よりよい保育の実現につなげていくことができるようにすることが望ましい。

3　指導計画に取り入れたい項目

　0歳児の指導計画も保育所保育指針が示す「養護」として「生命の保持」「情緒の安定」、「教育」としての「健康」「人間関係」「環境」「言

図表1　0歳児　○○組　高月齢児　○月指導計画

	項目		ねらい	内容	環境構成	配慮事項	家庭との連携：保護者支援
今月のねらい							
先月の子どもの姿			先月の評価反省をもとに記入すると具体的に全員の保育者や関わる多専門職が把握しやすい。			引き続き、保育に関わるものが検討したいことがあれば明記しておくとよい。	全月からの・検討事項。
保育内容	養護	生命の保持・情緒の安定			図で表してもよい。		
		生活	食事・排泄・睡眠・清潔等項目を立てとると分かりやすい。				
	教育	健康 人間関係 環境 言語 表現	0歳児の場合、各項目が相互に関連し合い項目ごとに分けて記入しにくいので、あえて項目に分けなくてもかまわない。その場合でも人間関係は重点をおいて記入する。				
食育			栄養士・調理師との連携の上記入する。	離乳食の状況・配慮事項、アレルギー反応等も記入する。			
健康管理安全への配慮			看護師と連携の上、記入する。	SIDS・疾病予防・自己予防に関して、具体的に記入する。			
職員間の連携			非常勤・パート職員との連携も考慮する。				
週案・行事			行事の取り組みの意味を考慮し記入する。	週に分けて、各週のねらいを記入してもよい（例：水に親しみ全身で楽しむ等）。			
評価・反省							

筆者作成

葉」「表現」の5領域を基本とする。この点においては他の年齢と変わらない。しかし、0歳児保育の特徴は「養護」と「教育」が、一日を通した生活や遊びの中で、他の年齢以上に一体的に行われることにある。指導計画作成に当たっては、一つ一つの項目にこだわり過ぎず、関連しあう項目を共通項目として作成して具体化してもよい。また、生活に関わる食事（離乳食）・排泄・睡眠・健康管理・安全管理、環境設定などについては、具体的項目として取り上げると保育に生かしやすい。

その他、保育者間の連携、保護者・家庭との連携、地域（必要に応じて専門機関との連携も含む）との連携、子育て支援や行事との関わりなどの項目も必要になる。0歳児保育の特性・個別性を考慮し項目を立て作成する（**図表1**）。

第2節 個別の指導計画の必要性

前述したように、0歳児クラスは一律に一斉保育をすることはできない。月齢の発達の違いや、一人ひとりの個別性を尊重し、全人間としての発達を保障するために、個別の計画が必要である。

保育所保育指針の第4章1の（3）「ア 発達過程に応じた保育」（ア）には、「3歳未満児については、一人一人の子どもの生育歴、心身の発達、活動の実態等に即して、個別的な計画を作成すること」と記され、指導計画の作成上、特に留意すべき留意事項として個別計画の必要性が明記されている。

1 保育記録を生かして子どもを理解し、個別計画を立てる

0歳児保育は担当制が基本である。担当保育士の細やかな観察により、子どもの発達の変化や子どもの気持ちを的確に捉え、一人ひとりの子どもの特性を理解するところからスタートする。個別指導計画を立てるた

図表2　個人別月間指導計画（高月齢児）

現在のこどもの姿	目標（育てたい姿）			内容	保育者の配慮事項関わり	家庭との連携
	養護	生命の保持・情緒の安定				家庭での状況や保護者の思い願いを把握したうえで立案する。
	生活	食事・睡眠・排泄等など	離乳食の状態など、栄養士・調理師の意見も反映する交えて。			
Aちゃん 10か月	教育	健康	個人の慢性疾患、アレルギーの状態なども考慮して立案する。			
		人間関係	項目に分けないで記入するのもよい。			
		環境				
		言葉				
		表現				
評価・反省					特記事項	その月に何か特別にあったことを記入（病気や家族の状況でも可）。

筆者作成

めには、子どもをよく知ることが前提となる。それには、子どもを把握するための個人の記録が大切となる。生活の中の授乳・排泄・健康・睡眠の記録も重要な指導計画作成の要素となる。保育の計画に役立てるためには客観的で冷静な観察眼が必要となる。しかし、それだけでは子どもの気持ちを的確に捉えた計画を立てることはできない。つまり、保育士がどのように関わり、どのような保育の展開をした結果、子どもの様子にどのような変化があったのか等、的確に捉えた記録が計画作成の土台となる。保育の意図や思いも含めて記入しておくとよい。保育実践の中の子どもの姿と保育者の思いが、次の保育のねらい内容へと反映していくのである。形式はなるべく簡潔にし、書きやすいように工夫する。週案・日案および連絡帳と組み合わせて工夫すると保育にも生かしやすい（図表2）。

2　複数担任・他職種が関わり、各専門性を生かして立案する

0歳児保育は複数の保育士、栄養士や看護師、調理師や保育補助者など多くの職種、複数の保育者が関わるクラスでもある。0歳児を担当する専門職同士が、それぞれの専門性を発揮して意見交換し、子どもの姿を的確に捉え共通理解した上で作成する。担当保育士が中心となり、子どもの生活と遊びを通した「養護」と「教育」の具体的ねらいと内容を立案する。看護師は、健康と安全・衛生に関する保健計画を基に指導計画に生かしていく。栄養士や調理師は食育や離乳食の計画等を考えていく。それぞれの専門性を生かし、多角的に子どもを捉え、計画に盛り込むことで、子どもの最善の利益が実現されるのである。

3　家族の思い、家族の生活を把握し、立案する

保育は常に家庭と共に進められる。家庭の状況や、子どもの家庭での情報を把握し、子どもを取り巻く状況がどのような状態なのか情報を収集し、理解し判断して立案していく。また、家族が子どもに対してどのような思いや願いを持っているのかを、面談等で把握した上で作成する。

家庭との連絡帳も大切なツールである。連絡帳の内容は個人記録となり、家庭と保育所をつなぐだけではなく、個別の計画を立てるときに、保護者の思いや願いを保育の中に生かすことができる。また、家族の状況に対して保護者への支援として明記し、子育て支援を担う保育の専門家として、子育て支援の役割を指導計画に盛り込むこともできる。

第3節　0歳児の指導計画における保育者の配慮と留意点

1　0歳児の指導計画で配慮したいこと

(1) 保育者との愛着関係を育む視点で指導計画を作成する
　　　──人との関わりを中心課題に据える

　保育所保育指針では、子どもが現在を最も良く生き、望ましい未来をつくり出す力の基礎を培うために「人との関わりの中で、人に対する愛情と信頼感、そして人権を大切にする心を育てる」ことを保育の目標の一つとしてあげている。人に対する基本的信頼感を育て、子ども自身の自己肯定感を育んでいくことは、保育の最も基本的な課題となる。初めて社会の中で生活していくことを経験する場でもある0歳児の保育の責務は大きい。そこで一番重要な要素は保育者との安定した関係である。0歳児は「担当制」を基本とし、特定の大人との安定した関係を築き、その保育者との愛着関係を土台として、基本的信頼関係が育まれ、保育が展開される。0歳児保育は、人的環境、すなわち「人との関わり」にあるといっても過言ではない。指導計画においても「人間関係」に関わる「ねらい」や「内容」「配慮点」は、しっかり項目を立て、十分考慮していく必要がある。

(2) 個別の生活リズムの確立を目指した指導計画を作成する
　　　──食事・睡眠・排泄・遊びのリズムを意識し、具体的に作成する

　0歳児の保育では、個々のリズムで授乳や離乳食を食べ、安心して眠

り、スムーズに排泄して気持ちよくおむつを替えてもらい、それぞれの発達にあった豊かな生活の保障をしていくことが必要である。指導計画を作成するに当たっては、基本的な生活に関わる項目を設けておくとよい。食事、睡眠、排泄、清潔、着脱などに関する具体的な生活の項目を挙げ、それぞれの発達過程に沿って、一人ひとりの授乳時間や離乳食の進み具合、睡眠時間などが保障されるようにしていくことが必要である。そのためには、月齢ごとの発達状況に沿った、大まかな目安となるデイリープログラムを作成して、複数の保育士が見通しを持って、保育に当たることができるようにすることが必要である。このデイリープログラムはあくまでも目安であり、その時々の子どもの状況により、柔軟に対応していくことを理解した上で作成していくことが必要である。

2 子どもの主体性を尊重した環境の整備——安全・安心の環境

0歳児の保育は安全な環境の下で保育士に見守られ、安心して生活ができることが必要である。生活の場としての食事・午睡・おむつ交換・沐浴等の保育の環境に関しては、月間指導計画の中に位置付け、子どもたちの成長・発達の変化に合わせて計画を見直していくことが必要である。図に表して、分かりやすい工夫を施してもよい。遊びの環境としては、子ども自らが主体的に関わり、探索し、玩具等で遊ぶ環境の設定が必要となる。遊具設定や絵本の配置も評価反省の項目に入れ、次の計画の環境の内容に生かしていく。

安全の環境に関しては、特に誕生からの1年間はSIDS等の命にかかわるような危険も多く、保育者側の安全管理が重要となる。月齢による発達の状況や、季節によって変わる環境整備が必要である。月間指導計画の中で保育室内外の環境を整備し、0歳児クラスとしての安全に関するチェック項目を作成し、指導計画の評価反省とともに一緒に見直すことが必要となる。

3　保育者の連携と協働性──「一貫性」と「柔軟性」

　０歳児の保育は前述したように、保育者以外の専門職および長時間保育に関わる保育補助者など、多くの人が一人の子どもに関わっていく。指導計画作成に子どもを取り巻く全ての人が関わり、共通理解することにより、子どもの対応など「一貫性」のある保育が実現できる。しかし、計画に基づく保育とは「させる、やらせる」保育ではない。子どものその時々の状況に応じた環境構成や、応答的な関わりなど０歳児保育には「柔軟性」が特に求められる。保育に関わる者同士が保育観を尊重しあい協働していくことが重要である。

　以上のように、保育の指導計画は作成することが目的ではない。日常の保育の充実を図り、ＰＤＣＡサイクルの中で保育者自身が評価反省し、次の計画に生かしていくことにより、質の高い保育が実現されるのである。

【引用・参考文献】

加藤敏子・岡田耕一編著『保育課程論── 保育の基盤の理解と実習への活用』
　　萌文書林、2013年
厚生労働省『保育所保育指針解説書』フレーベル館、2008年
全国社会福祉協議会編『私たちの指導計画2016 ０・１・２歳児』全国社会福
　　祉協議会、2016年
全国保育士会編『質を高める保育の個別計画〔改訂〕』全国社会福祉競技会、
　　2014年
乳児保育研究会編『資料でわかる乳児の保育新時代〔改訂４版〕』ひとなる書
　　房、2015年
待井和江・福岡貞子編『乳児保育〔第９版〕』(現代の保育学8) ミネルヴァ書
　　房、2014年
松本園子編著『乳児の生活と保育』ななみ書房、2011年

　　　　　　　　　　　　　　　　　　　　　　　　（西　　智子）

第9章　1〜2歳児の指導計画

第1節　1〜2歳児の指導計画とは

　近年、保育所の課題として乳児保育の取り組みが挙げられる。母親の就労に伴い、出生後まもなく母親と共に一日を過ごすことができない子どもは、保育所の生活が基本となって成長する。母親に代わって養育する保育者は責任を持って子どもを育てなければならない。

　そこで、保育所ではカリキュラムが綿密に作成される。子どもが健やかに成長するために、どのように保育の課程を構成すればよいのかを検討するのである。この世に誕生して間もない子どもが外的環境に慣れていくためには、さまざまな配慮と工夫が必要である。

　まず、保育者は乳児について知らなければならない。乳児の発達について理解し、それに基づいた保育を行うことが肝要である。この時期は第一に身体の育成が重視される。誕生後1年を経過すると子どもは歩き始めるようになり、少しずつ運動機能が発達するようになる。子どもが十分に身体を動かすことができるように保育者は配慮しなければならない。また、身体の発達に伴い、子どもは言葉を話し始め、自分の身の回りのことに関心を持って働きかけていく。そこに、さまざまなモノとの出合いがあり、自分の感情や気持ちが表されるようになる。一つひとつの出合いが乳児にとって初めての経験であり、それが後々に人生の基礎となるように、保育者は配慮しなければならない。

　また、この時期において乳児は保育者に世話(ケア)をしてもらいながら成長していく。一人で身の回りのことができるようにするために、保育者は

多くのことを丁寧に教えなければならない。

　以下では、まず1歳児の指導計画（**図表1**）と2歳児の指導計画（**図表2**）を示す。保育所保育指針を基に作成した図表を読みながら、この時期の子どもがどのように発達するのかを理解し、乳児期の子どもには何を経験させればよいのかを考えてもらいたい。また、保育所の一日のプログラム（3歳児未満）も示した（**図表3**）。乳児期の子ども理解と合わせて活用してもらいたい。

図表1　1歳児の子ども

子どもの発達
歩き始める、手を使う、歩く・押す・つまむ・めくるなどの運動機能の発達、指差し、身振り、二語文を発する。
生命の保持
一人ひとりの子どもの健康状態や発達状態を把握し、適切な生活リズムをつくること。
情緒の安定
一人ひとりの子どもが安心して自分の気持ちを表すことができること。
5領域
健康　　　　健康で安全な生活に必要な習慣を身に付けること。 人間関係　　身近な大人や保育者と関わること。 環境　　　　好きな玩具や遊具に興味をもって関わること。 言葉　　　　大人に話しかけられて、言葉を使うようになる。 表現　　　　自分の気持ちを表現する。
遊　び
手押し車で遊ぶ、砂場遊び、水遊び、子守唄を聴かせる、わらべうた、手遊び、リズムをとりながら身体を動かす、絵本の読み聞かせ。

出典：保育所保育指針を基に筆者作成

図表2　2歳児の子ども

子どもの発達
歩く、走る、跳ぶ、指先の機能が発達、行動範囲が広がり探索活動が盛んになる、発声が明瞭になる、語彙が増加。
生命の保持
清潔で安全な環境を整える、適切な援助や応答的な関わりを通して子どもの生理的欲求を満たしていく。
情緒の安定
保育者との信頼関係をもとに、一人ひとりの子どもが主体的に活動し、自発性や意欲を高める。
5領域
健康　　基本的生活習慣に関連して、身の回りのことを自分でしようとする。 人間関係　自分の思いを相手に伝え、さらに相手の思いに気が付く。 環境　　身近な環境に親しみ、自然と触れ合う中で様々な事象に興味や関心を持つ。 言葉　　大人と一緒にごっこ遊びをする中で、言葉のやりとりを楽しみ、絵本の読み聞かせを楽しむようになる。 表現　　保育者と一緒に手遊びをしたり、歌うことなどを通してイメージを豊かにしながら、自分の感じたことを表現する。
遊　び
ごっこ遊び、粘土遊び、積木、手遊び、わらべうた、線描画を楽しむ、リズム運動、絵本の読み聞かせ。

出典：保育所保育指針を基に筆者作成

図表3　保育所の一日

時間	保育内容　（3歳児未満の場合）
8時	登園　　視診
9時	遊び　（室内遊び）
10時	おやつ
10時半	遊び　（散歩を含む）
11時半	昼食
13時	午睡
14時半	目覚め
15時	おやつ
16時	遊び　（室内遊び）
16時半	順次降園
17時	延長保育
18時	降園

筆者作成

第2節　留意点

　1〜2歳児に関わる保育の基本は図表に示した通りである。これに合わせて必要なことは、一年間の保育計画である。季節や時期に応じて、子どもはさまざまなことを経験しなければならない。お誕生日やクリスマス等の行事も、子どもには大切なひとときである。多くの経験が子どもを育てるのである。日々の保育が一年間を通して考えられることが重要である。また、月間および週間により、保育の課題をあらかじめ考えておくことも必要である。

　さらに、乳児期には月齢により個人差がある。子ども一人ひとりの成長に合わせて保育内容を検討する必要がある。この時期の子どもには大

人との関わりが大切である。大人の保護のもとに子どもの健やかな成長が遂げられるのである。

第3節　遊びと環境

　子どもの保育環境は安全で健康な状態に保たれなければならない。乳児期の子どもは身体を育成することが大切である。遊具は子どもの発育を促すものであることが望ましい。子どもの歩行を促す遊具や、腕の動作を促すための遊具等が役立つのである。一般的に遊具の大半は手指を使うものであるが、それはまた子どもの知能を育てるのである。また、遊具は子どもが手に触れた際に安全であることが望ましい。乳児には柔らかい布のボールや布製の人形等が使いやすい。

　また、乳児の保育環境は保育室だけではなく、戸外も活用される。外的環境の安全性に配慮しながら、身体を動かすことが望ましい。また、自然環境の中で植物や木々を観察したり、風の音や川のせせらぎに注目する等、五感を働かせて子どもが十分に感性を養うことができるように育てなければならない。自然の全てが遊びの素材である。

　乳児期の子どもにとって大人との関わりは重要である。乳児が最初に出会う人は母親であり、保育者は母親の代行である。常に家庭的な雰囲気が保たれるように保育者は配慮する必要がある。子どもが安心してくつろぐことのできる環境が用意されなければならない。また、大人は子どもの模範である。子どもが大人の態度を模倣しながら、さまざまなことを学ぶことを保育者は心得ておかなければならない。

　乳児期の遊びにおいて手遊びは頻繁に行われる。この時期の子どもはリズムをとりながら手や腕を楽しんで動かす。保育者はできる限り多くの手遊びを行うことがよいのである。

　また、乳児期から絵本の読み聞かせも取り入れていきたい。1992年に

図表4　乳児のための絵本

松谷みよこ文　瀬川康男絵	『いないいないばあ』
ディック・ブルーナー作	『ちいさなうさこちゃん』
松野正子文　鎌田暢子絵	『りんご』
マリー・ホール・エッツ作	『もりのなか』
M.W.ブラウン文　ジャン・シャロー絵	『おやすみなさいのほん』
エリック・カール作	『はらぺこあおむし』
内田利莎子再話（ロシア民話）　佐藤忠良絵	『おおきなかぶ』

筆者作成

　イギリスで発祥したブックスタートは、2001年4月から日本でも始められ、乳児にとって絵本が身近なものになった。乳児を対象にした検診等において、絵本のセットが配布されている。図書館では母子のために絵本の読み聞かせが行われるが、保育所においても毎日絵本の読み聞かせを行うことが大切である。子どもは耳から言葉を聞くことが初めての言葉との出合いである。言葉の響きやリズムを楽しむことができるようにしたい。また、信頼できる保育者から、自分のために絵本を読んでもらう時間は、子どもにとって幸せなひとときである。絵本の読み聞かせは、手遊びと一緒に日常的に行うことが望ましい。

　乳児期の子どものために、読み聞かせてもらいたい絵本を示した。参考にしてもらいたい（**図表4**）。

第4節　基本的生活習慣

　乳児のしつけでは、教えなければならないことが多いと思われるが、羽仁もと子（1873～1957）によれば、本来子どもは自然の流れに従い、起床・食事・睡眠等を行うことができるはずである。食事をとらない子

どもはいないはずであり、睡眠をとらない子どももいないはずである。それを滞ることなく、毎日規則的に行うことができればよいのである。そのためには、子どもに「習慣」をつけてあげることが必要である。

保育所保育指針の第3章2（3）「3歳児未満の保育に関わる配慮事項」には、こうした習慣が次のように掲げられる。

> 食事、排泄、睡眠、衣類の着脱、身の回りを清潔にすることなど、生活に必要な基本的な習慣については、一人一人の状態に応じ、落ち着いた雰囲気の中で行うようにし、子どもが自分でしようとする気持ちを尊重すること（抜粋）。

基本的生活習慣は、食事・排泄・睡眠・着脱・清潔の5項目である。乳幼児期を通してこの5項目を習得すればよいのである。山下俊郎（1903～1982）によれば、基本的な生活習慣のうち最も大切なものは食事・排泄・睡眠である。乳児が生きていくために、この3項目はまず欠かせないのである。そして、着脱と清潔がこれらに追加して基本的生活習慣として挙げられる。

山下は、子どもに習慣をつけるには、早くからの訓練が大切ではあるが、そのためには、ある程度の成熟が必要であると述べている。つまり、子どもの成長に合わせて訓練していくことが必要であり、然るべき適切な時期に習慣づけることが求められる。子どもが自分で物事に取り組もうという気持ちになるまで、できる限り保育者はその時期を「待つ」ことが大切である。また、保育者の愛情と励ましが、子どもの意欲を育てることになる。子どもが自信をもって生活できるように援助していくことが重要である。

第5節　3歳児へのつながり

　3歳児の子どもは自律的でなければならない。保育所保育指針の第3章2（4）「3歳以上児の保育に関わる配慮事項」には、それは次のように説明される。

　　　　生活に必要な基本的な習慣や態度を身に付けることの大切さを理解し、
　　　　適切な行動を選択できるよう配慮すること（抜粋）。

　子どもは基本的生活習慣を身に付けることで生活が自由になり、行動範囲が広がる。3歳児は乳児のように大人との関わりが中心になるのではなく、一人で遊ぶことも可能になり、また友達との関わりも多くなる。話し言葉の基礎ができ、子ども同士の関わりができるようになるからである。例えば、2歳ごろまでは大人と一緒に楽しむごっこ遊びが、3歳以降では次第に子ども同士で遊ぶことができるようになり、子どもの世界が広がるのである。
　しかし、3歳児では自我が明確に表れるために、自己主張が強くなるときがある。子ども同士でけんかが生じる場合もあるが、互いに大切な存在であることを気付かせる工夫が保育者には求められる。
　子どもの遊びも3歳以降にはさらに豊かなものに発展する。例えば、2歳ごろからなぐり描きという線描を始めた子どもは、3歳になると次第にお絵描きにおいても変化が見られる。画用紙にはさまざまな色と形が表現されるのである。絵本の読み聞かせにおいては、ストーリー性のある絵本を楽しむことができるようになっていく。子どもはお話の主人公になって物語の世界を体現する。
　いずれの遊びも子どものイメージが明瞭になっている証拠であり、遊びは豊かなものに発展するのである。子どもは乳児期に習得したものを

土台にしながら、さらに幼児期において成長を遂げていくのである。保育者は、そうした子どもの健やかな成長を見守らなければならない。

【引用・参考文献】
厚生労働省『保育所保育指針解説書』フレーベル館、2008年
羽仁もと子『おさなごを発見せよ』(羽仁もと子選集) 婦人之友社、1965年
山下俊郎『幼児心理学〔第2版〕』朝倉書店、1971年

(馬場結子)

第10章　3〜5歳児の指導計画

第1節　保育の計画の捉え方と理解

1　保育の計画の基本的な捉え方

　この章では、3〜5歳児の幼児における具体的な指導計画について学んでいく。保育の計画の捉え方は、まず目の前の子どもの姿を丁寧に理解することから始まる。子どもの様子を具体的に捉えることである。そして、毎日の生活のつながり（横の連続性）、発達（縦の連続性）を踏まえ立案していく。

2　具体的な指導計画立案

　まず子どもの状況を把握する。子どもが何に興味関心を持っているのか、どのような遊びを楽しんでいるのか、生活の仕方の様子など主に遊びや生活の視点から子どもの状況を把握する。その状況から、子どもの課題を踏まえ保育者としてどのように育ってほしいのかという願い、子どもがどのような方向へ育っていきたいのかという2つの視点からねらい考える。ここでいう課題とは子どもが出来ないことをできるようにするという視点ではなく、どのように育っていくとよいのかという視点から捉えることである［文部科学省、2008］。次に、ねらいに適した活動や一日の流れを考える。そして、ねらいにそった保育環境構成と保育者の援助を考える。援助を考える際は、どのような視点からの援助なのかと

図表1　指導計画の手順

| 子どもの状況→ねらい→活動内容→環境構成・保育者の援助→実践→省察→評価 |

という留意点を示す。

　このような手順で指導案を作成していく。そして、準備し実践、省察、評価を行っていく（**図表1**）。

第2節　3歳児の指導計画

1　3歳児の生活と遊びの特徴

　3歳児は、幼稚園では入園して初めての集団生活、保育園や認定こども園でも幼児クラスとして新たな生活のスタートである。これまでの集団生活の経験や、家庭環境など一人ひとり違うことを踏まえた計画が求められる。基本的生活については、まだ個人差が大きいので丁寧なかかわりが必要である。また、遊びは、一人ひとりが好きな遊びをする姿が多く見られる時期である。

2　3歳児の指導案作成

　図表2を説明しよう。まず、この週は、親子遠足の経験から子どもと保育者のみの園外保育が月曜日に実施されている。遊びではお医者さんごっこ、温泉ごっこのなどが火曜日には見られる。また、みんなで一緒に踊る楽しさや表現する面白さの経験が見られる（①）。このような子どもの状況を踏まえ、おそらく子どもは動物になって表現するおもしろさを繰り返し楽しもうとしている。保育者は、子どもに表現するおもしろさをもっと味わってほしいという願いがあると考える。この2つの視

図表2　3歳児指導案　幼稚園6月

6月9日　水曜日　天気（晴れ）　10時45分〜11時10分		
クラス：もも組　3歳児　男児12人　女児8人　計20人		
ねらい： 保育者や友だちと一緒に体を動かしたり、表現したりする楽しさを味わう（②）。		クラスの状況（①） ・保育者と一緒にごっこ遊びや飛行機作りを楽しんでいる。 ・動物体操を楽しんでいる。
中心となる活動：リズム表現（動物に変身）（③）。		
時間	環境構成・準備	予想される子どもの様子	援助と留意点
10：45 10：50 11：05 11：10	〈もも組保育室〉 （保育者・子ども・ピアノの配置図） 〈準備物〉 ・ピアノ ・CD（動物体操） ①ピアノに合わせて動く場面 （ピアノ・子ども・保育者の配置図） ②動物体操の場面 （子ども・保育者の配置図）	○リズム表現 ・保育者の所に集まり、話を聞き、手遊びをする。 ・動物になりピアノに合わせて、動く（うさぎ・かえる・ぞうなど）。 ・張り切って大きく動く子ども、友だちの様子を見ながら動く子どもなどさまざまな表現が見られる。 ・保育者の「かみなり」の言葉で小さくなったり、楽しくて大騒ぎしたりする子どももいる（⑤）。 ・動物体操をクラスのみんなで行う。 ・保育者と動物の話をする。 ○昼食準備	・「ないた、ないた」の手遊びをして、<u>たくさんの動物に触れ、動物のイメージが持てるようにする。</u> ・表現しやすいように具体的な動きを保育者が行ってから、動物のイメージにあったリズムを弾いていく。 ・楽しく表現できるようにピアノを弾きながら言葉をかけていく。 ・雷の部分では、安心して楽しめるように、一方では意外性を持てるように工夫する。 ・大きな動作でわかりやすく踊る。 ・色々な動物がいたこと、おもしろさについて話す（⑥）。 ・昼食準備について伝える。

点から、「保育者や友だちと一緒に体を動かしたり、表現したりする楽しさを味わうこと」をねらいとする（②）。そのための活動として、「リズム表現（動物に変身）」が取り入れられる（③）。環境構成は、保育者がクラスの子どもと話すための構成、ピアノに合わせて動くときの構成、みんなでCDに合わせて動く構成の3つの展開を示す（④）。子どもの様子では、これまでの表現の経験から、張り切る子ども、友だちを見て動く子どもなど、3歳児らしくさまざまな姿が予想される。「かみなり」での表現もさまざまである（⑤）。保育者の援助と留意点においては、ねらいにある「楽しむ」ための援助と留意点を各場面で示す。意外性からより楽しめるような工夫（「かみなり」）も盛り込まれている（⑥）。援助と留意点は、**太字**の部分が援助（保育者が行うこと）であり、下線部分がなぜその援助を行うのか、どのような意図があるのかという留意点にあたる部分である。保育者の援助には必ず願い（意図）がある。そのことを踏まえた計画が大切である。

第3節　4歳児の指導計画

1　4歳児の生活と遊びの特徴

　4歳児は、集団生活にも慣れ、友だちと過ごす楽しさを感じる時期である。基本的生活習慣もある程度身に付く（基本的生活習慣の自立）。遊びでは、3～4人の気のあった友だちとごっこ遊びが多く見られるようなる。また、ルールのあるゲームや、学年後半にはサッカーやリレーなどのゲームを子ども同士で楽しむ姿も見られる。仲間とのかかわりがぐんと増える時期である。

2　4歳児の指導案作成

　図表3を見てみよう。ごっこ遊びの内容が発展しながら展開していること、子ども同士で新しい遊びを始めている姿が子どもの状況としてある（①）。友だちともっと遊びを深めていこうとしている子どもの思いと、新しいことに興味を持って取り組んでほしい、運動会への期待を高めて欲しいという保育者の願いがある。この2つの視点から「新しいルールのあるゲームを知り、友だちと楽しむ」というねらいが立てられる（②）。そして、ねらいを踏まえた活動として、行事へのつながりも踏まえ「しっぽとり」が取りあげられる（③）。環境構成には、安全にのびのびと活動ができるようホールが設定されている。準備物には、2色の子どもの数より多めのしっぽや、かごが用意され、安心して楽しめる配慮がある（④）。子どもの様子は、スペース上限られた様子しか記載されていないが、おそらく初めてのゲームなので戸惑う姿、興奮する姿など多々見られることが予想される（⑤）。初めてのゲームであることを踏まえ、保育者の援助と留意点において、グループは分かりやすいように生活グループにする、なりきって楽しめるようしっぽを付ける、ルールを理解していくことなどが示されている。これらは、子どもたちが楽しく参加する、またやりたいと思える工夫にも当たる（⑥）。このように、遊びや子どもの興味との連続性を捉えることが大切である。

第4節　5歳児の指導計画

1　5歳児の生活と遊びの特徴

　園で最高学年としての意識が高まり、さまざまなことに見通しが持てるようになってくる。自分たちで園生活を作っていくようになる（主体

図表3　4歳児指導案　幼稚園9月

9月28日　水曜日　天気（晴れ）　10時40分～11時20分		
クラス：すみれ組　4歳児　男児13人　女児11人　計24人		
ねらい： 新しいルールのあるゲームを知り、友だちと楽しむ（②）。		クラスの状況（①） ・新しい活動やごっこ遊びを友だちと楽しんでいる。 ・体を動かす遊びを楽しんでいる子どもが多い。
中心となる活動　：しっぽとり（③）		

時間	環境構成・準備	予想される子どもの様子	援助と留意点
10：40	〈ホール〉 （保育者・子ども配置図） 〈準備物〉 ・しっぽ（すずらんテープを三網したもの）水色・黄色各15本。 ・しっぽを入れるかご（2個）。 〈しっぽとり〉 （かご配置図） （④）	○しっぽとり（⑤） ・保育者の話を聞く。 ・2チームに分かれる。 ・しっぽをつけ、くるくる回ったり、走ったりする子どももいる。 ・保育者の話しを聞く。 ・保育者の合図でゲームを始める。 ・しっぽを取り一生懸命走る子ども、友だちと逃げる子どもなどさまざまな姿が見られる。 ・取ったしっぽをかごに入れる。 ・繰り返すうちにルールを理解していく。 ・保育者の所に集まり、話を聞く。 ○保育室に戻る ・ネズミになってグループごとに保育室に戻る。	・クイズで、しっぽに興味が持てるようにする。 ・生活グループでクラスを2チームに分かれるよう伝える。 ・しっぽのつけ方を伝え、しっぽを配る。 ・ルールの説明を、理解しやすいように実演しながら行う。 ・ルールが理解できているか確認しながら一緒にゲームを楽しむ。 ・けがが無いよう、子どもの動きに気をつける。 ・取られて悔しい気持ち、取ることができた嬉しい気持ち等一人一人の気持ちに共感しながら進めていく。 ・数回繰り返し、子どもたちの様子を見て終了する。 ・しっぽを集める。子どもたちとゲームを振り返る。 ・楽しかった余韻を感じられるようねずみになって保育室へ移動する。 （⑥）
10：50			
11：15			
11：20			

第10章● 3～5歳児の指導計画

性)。遊びも複雑に展開し、自分たちで構成していくなどダイナミックになる。遊びのイメージが明確になり、継続して遊ぶ姿が見られるようになる。生活、遊び、さまざまな面で協調性がみられるようになる時期である。

2　5歳児の指導案作成

図表4の5歳児の指導計画を見てみよう。これは、遊びを中心とした計画である。クラスでさまざまな遊びを楽しんでいる中で、それぞれが昨日の遊びに続きをこうしたいという思いが明確になる（①）。子どもたちは、おそらく遊びのおもしろさを友だちと一緒に味わうため、自分の考えを伝え、また友だちの思いを知ろうとしている。保育者は、遊びの状況とそれぞれの子どもの思いから、さらに自分の思いを相手に伝えたり、相手の提案を受け入れたりしながら共通のイメージを持って遊びを展開していってほしいという願いがある。この2つの視点からねらいを「自分のやりたいことを相手に伝え、また相手の提案を受け入れながら遊びを工夫していく」とする（②）。そのため、さまざまな遊びを中心となる活動とする（③）。環境構成は、クラスでのおおまかな、さまざまな遊びを捉えたものとなっていく。子どもの様子も、各遊びごとに展開の状況が違うので、遊びごとに捉えていく必要がある（⑤）。保育者の援助と留意点では、ここでは遊びごとに捉えていく。実際は、さらに個々への配慮も必要となっていく（⑥）。

遊びの計画では、保育者の意図した遊びの展開の方向に急がず、子どもの考えていることを丁寧に読み取ることが大切である。

まとめ

この章では幼児の指導計画について学んだ。3歳児では日々の遊びと活動の連続性、4歳児では、子どもの興味と行事との連続性、5歳児では日々のさまざまな遊びとの展開という視点からの連続性を捉えた計画を

図表4　5歳児指導案

6月　3日　水曜日　天気（晴れ）　9時30分〜11時20分			
クラス：うめ組　　5歳児　男児13人　女児15人　計28人			
ねらい： 　自分のやりたいことを相手に伝え、また相手の提案を受け入れながら遊びを工夫していく（②）。 中心となる活動：好きな遊び（お化け屋敷ごっこ・絵本作り・どろけい・だるまさんがころんだなど）（③）。			クラスの状況（①） ・各ごっこ遊びが展開している。 ・絵本作り等新しい遊びも始まる。 ・遊びの中で友達と伝え合う姿が多く見られる。
時間	環境構成・準備	予想される子どもの様子	援助と留意点
9:30 11:20	〈うめ組保育室〉 （図：おばけ／絵本／ロッカー／虫） 〈準備物〉 ・絵本の材料（画用紙・ポチキスなど）。 ・お化け屋敷の材料（絵具・お面バンドなど）。 ・虫かご （④）	○好きな遊びをする ・身支度が終わった子どもから好きな遊びを始める。 ・お化け屋敷ごっこでは、自分のなりたいお化けになるために、お化けの道具を作っている。お客さんのためのチケット作りをする子どももいる。 ・画用紙を重ね絵本を作り始める子どもがいる。ペンを使ってストーリーや絵を描きこむ。昨日の続きをする。 ・園庭でどろけい虫探しをする子どもたちもいる。 （⑤） ○片づけ	・じっくり楽しめるように遊びのスペースを整理する。 ・お化けや入口の設置を一緒に行ったり、必要な椅子を用意したりして、イメージが形になるように一緒に考えたり、手伝ったりする。 ・できた絵本を一緒に読んだり、聞かせてもらいながら、出来た喜びに共感する。 ・手作り絵本のおもしろさを伝え合い、友だちの良いところを認めあえるようにする。 ・一緒にどろけいや虫探しを楽しみ、子どもの興味関心に共感する（⑥）。 ・遊びの状況を理解しながら、片づけを促していく。

示した。このように、子どもは連続性を持って成長していく。保育者の気分で単発的な活動ばかりになっていないだろうか。遊びでの学びを考えながら、また、一人ひとりの育ちを願いながら、保育を展開出来ているだろうか。計画とは、保育者自身の省察にもつながっていくのである。計画を通して、自身の保育をしっかり捉えてほしい。また、保育者の一方的な保育にならぬよう、子どもたちと作っていく保育が計画に示されることを願いたい。そして、子どもの状況から、計画を再構成していく工夫ができるようにしていきたいものである。

【引用・参考文献】
戸田雅美『保育をデザインする―保育における「計画」を考える』フレーベル館、2004年
文部科学省『幼稚園教育要領解説書』フレーベル館、2008年

(前田和代)

第11章　小学校へのつながり

第1節　接続期をめぐって

1　幼稚園・保育所・認定こども園と小学校の連携とは

(1) なぜ小学校教育と連携することが必要なのか

　2000年ごろより小学校1年生のクラスで、学習に集中できない、教員の話を聞けず、授業が成立しない等の学級崩壊状況が発生し、ひどい場合には授業中に立ち歩く、教室を出て行く子などがいること(「小1プロブレム」)が、大きな話題となった。これを受け、幼児期の教育を就学準備教育と位置付けて考えることの必要性が強く主張されはじめた。そして、2008(平成20)年の改正学校教育法では、「幼稚園の目的」として新たに「義務教育及びその後の教育の基礎を培うこと」が加えられた。

　また、国際的な流れの中でも、乳幼児期の教育は生涯学習の基盤となるので、学習効果を上げるためにも、乳幼児期の教育・保育機関と小学校が連携・接続の強化をすることが大切とする考え方がある(OECDのECECがStarting Strong1,2)。

　こうしたことから、小学校入学前後の時期を「接続期」と呼び、幼稚園・保育所・認定こども園と小学校が連携することが求められている。

(2) 保育に求められること

　小学校教育への接続を考えたとき、どのような保育をすることが求められるのであろうか。授業中に立ち歩くことがないように厳しくしつけたり、小学校教育で行うような教育内容・方法を取り入れてみたりする

ことであろうか。確かに「小1プロブレム」を引き起こす要因として、「自由保育の影響が原因ではないか」と言われたこともあったが、実際にはそうした事実は確認されていない。

　むしろ、幼稚園・保育所・認定こども園と小学校、それぞれの保育・教育が、子どもの発達時期にとって重要であることを理解すると共に互いに尊重し、連携していくことが大切である。

(3) こんなに違う、幼稚園・保育所・認定こども園と小学校

　卒園し、小学校へ入学した子どもにとって、どのくらい生活が変化するのか考えてみよう。**図表1**は、幼稚園・保育所・認定こども園での教育・保育と小学校教育のちがいを示したものである。

　幼稚園・保育所・認定こども園と小学校、いずれも子どもの学びを支える機関という意味では同じだが、学びの内容はまったく異なっていることが分かる。

　また、1年生に小学校で一番驚いたことを聞くと、「トイレや教室、体育館が大きいこと」「人が多いこと」と答える子が多いという。教育・保育内容の違いというだけでなく、もっとシンプルな環境の変化が、子どもたちにとっては大きな違いとなるのである。そのため、例えばこれまで園では、登園してきたら靴箱に靴をしまい、また片づけをするということができていた子も、小学校に入るとできなくなるということが実際に起こっている。

　子どもの目線に立って改めて考えてみると、小学校入学後は、本当に多くの違いに直面する。私たち自身のことを振り返っても、新しい学校・職場などでは、一日の流れや決まりが分からない、施設や設備の使い方のルールが分からない、新しい友達や先生との関係がまだ構築できていないなどの、いわばささいなことで、強いストレスや不安を抱えがちになる。

　そこで、保育者がすべきことは3つある。1つ目は、保育の中で子どもたちが、小学校での生活に対して具体的なイメージを持てるようにし、

図表1　幼稚園・保育所・認定こども園の教育・保育内容と
　　　　小学校教育内容の比較

幼稚園・保育所・認定こども園	小学校
遊ぶことが奨励される	「遊び」より勉強
学び（遊び）の内容・目標は子ども自身が定める	定められた教科書
領域、連続性	時間割に区切られた各教科の学習
目の前の事象・体験に基づく学び	生活と遊離しがちな教育内容
間接教育	直接教育
方向目標であり、複合的な視点から評価（態度を身に付ける・味わう・しようとする・楽しむ）	育てるべき学力が明瞭にあり（到達目標）、主にその到達度を評価（態度を育てる・できるようにする・気付くようにする）

（筆者作成）

　小学校という新しい環境へ入る不安を取り除いて、さまざまな違いに安心して対応できるようにすること。2つ目に、基本的な生活習慣や態度を身に付けるという場合、決められたことが、決められたようにできるということにとどまらず、多少の状況の変化があっても、自分なりに必要なことを考えて行動できる力をつけること。そして3つ目に、小学校生活を楽しみにし、小学生というものに憧れを持てるようにすることである。

　連携の方法はさまざまにあるが、最終的な目標は、幼児期と児童期の連続性・一貫性を、いかに確保するかということである。そこで、保育者は小学校教育について理解し、学ぶことが必要になる。同時に、乳幼児期の専門家として、保育に対しての考えや、日々の保育活動を通しての願い、小学校以降の学習との関連、子どもの捉え方などについて、小学校教員へ語れることが要求される。

2 保育の中で期待される小学校との連携
　　――幼稚園教育要領・保育所保育指針の記載から――

　日々の保育の中で何をすることが具体的に求められているのであろうか。ここでは、「幼稚園教育要領」および「保育所保育指針」記載を確認しながら、どのような連携活動が期待されているのか見ていきたい。

(1)「幼稚園教育要領」

　「幼稚園教育要領」では、改正学校教育法で「幼稚園の目的」として、新たに「義務教育およびその後の教育の基礎を培うこと」が加えられたことを受けて、第1章 第2「教育課程の編成」の中に同様の趣旨が明記された。

　　幼稚園は、家庭との連携を図りながら、この章の第1に示す幼稚園教育の基本に基づいて展開される幼稚園生活を通して、生きる力の基礎を育成するよう学校教育法第23条に規定する幼稚園教育の目標の達成に努めなければならない。幼稚園は、このことにより、義務教育及びその後の教育の基礎を培うものとする。

　より具体的な連携の仕方については、第3章 第1「指導計画の作成に当たっての留意事項」(9)に書かれている。

　　(9) 幼稚園においては、幼稚園教育が、小学校以降の生活や学習の基盤の育成につながることに配慮し、幼児期にふさわしい生活を通して、創造的な思考や主体的な生活態度などの基礎を培うようにすること。

　現在、学校教育全体を通して「生きる力」を育むことが重要視されており、幼稚園教育を行う上でも、これに留意するよう書かれている。つまり、うまくできないことがあってもそのまま諦めてしまうのではなく、さらに考え工夫していく志向・態度(創造的な思考の基礎)や、物事に

積極的に取り組み、自分なりの生活をつくり、自分を向上させていこうとする意欲（主体的な生活態度の基礎）などを培うことが、幼稚園教育に期待されている。

　また、第3章 第1の2「特に留意する事項」(5)には連携の大切さと、連携するための方法について記載されている。

　　(5) 幼稚園教育と小学校教育との円滑な接続のため、幼児と児童の交流の機会を設けたり、小学校の教師との意見交換や合同の研究の機会を設けたりするなど、連携を図るようにすること。

　ここで言う連携の中には、学校教育法施行規則第24条第2項に記載されているように、幼稚園の園長が幼児の指導要録の抄本又は写しを作成し小学校の校長に送付することも含まれる。

(2)「保育所保育指針」

「保育所保育指針」においては、第4章 1 (3)「指導計画の作成上、特に留意すべき事項」エには小学校との連携について記載されている。いずれの内容も幼稚園教育要領で意図されていることとほぼ同じ内容であることが分かる。

　　エ、小学校との連携
　　(ア) 子どもの生活や発達の連続性を踏まえ、保育の内容の工夫を図るとともに、就学に向けて、保育所の子どもと小学校の児童との交流、職員同士の交流、情報共有や相互理解など小学校との積極的な連携を図るよう配慮すること。
　　(イ) 子どもに関する情報共有に関して、保育所に入所している子どもの就学に際し、市町村の支援の下に、子どもの育ちを支えるための資料が保育所から小学校へ送付されるようにすること。

第2節　連携の具体的な方法

1　乳幼児と児童の交流

(1) 交流活動のポイント

　小学校との連携活動の中で、比較的取り掛かりやすいのが、乳幼児と児童の交流である。実際に、すでにおこなっている園は多い。この交流活動で気を付けるべきことは、乳幼児（幼稚園・保育所・認定こども園）と児童（小学校）のいずれにとっても、意味のある活動となるよう計画することである。

　小学生に手取り足取りでかまってもらったことにより、幼児が「赤ちゃん返り」してしまったという事例もある。事前に小学校教員と打ち合わせをし、お互いのねらいと活動内容について、具体的なところまで話し合い理解しておくことが重要である。

(2) 交流活動の方法

　交流できる場面はさまざまにある。運動会や文化祭などの行事の見学や参加、体験の共有をすることは、幼児にとって小学校での生活に親近感や、小学生に憧れの気持ちを持てる機会となるだろう。また、生活科を中心とした教科学習での交流も考えられる。

　交流する組み合わせも幾通りも考えられる。例えば、年長児と1年生などの低学年との交流は、年齢が近いため、幼児にとっては児童の姿を目標としやすく、また児童にとっても、自分の成長を感じる機会となることが期待される。低学年では、生活科の授業もあるため、双方にとって、意味のある学習活動を展開させることも可能だろう。

　また、年長児と5年生との交流であれば、入学後は新入生と最高学年という関係になることを視野に入れ、活動をすることができる。

　交流を行う上でまず大切なのは、双方にとって、負担がかからないと

いうことである。散歩のコースに小学校を入れるなど、取り組みやすいところから始めていくことが大切である。小学校の校庭やトイレ、園にはないような校内の施設を使用させてもらうことは、子どもたちの、入学後の環境変化の驚きを軽減させるとともに、豊かな保育の展開につながる。また、小学校へ日常的に通うようになれば、乳幼児と児童、また保育者と小学校教員の交流にもつながりやすい。同様に、幼稚園・保育所の施設も、小学生が利用できるように開放することもよいだろう。できることから少しずつ、ただし継続的に取り組んでいくようにすることが大切である。

2 保育者と小学校教員の交流、合同研修

(1) 教職員間の交流のメリットとポイント

保育者と小学校教員で密に交流していくことにより、乳幼児教育の意義と位置づけを、より実感として理解できるようになる。また、幼小一貫して、継続的に追跡・評価することができるというメリットも生まれる。つまり担任した子どもたちの育ちを、小学校入学以降も見守り続けることが、可能となるのである。

そのためにポイントとなるのは、顔の見える関係をつくるということである。連携活動や小学校教員のおかげで得ることができた成果を報告し共有するとともに、感謝を言葉にするなどして、日常的に付き合いを深めるよう努力していくことが大事である。

(2) 教職員間の交流の方法

大きく分けると3つの交流方法がある。1つ目は、互いの教育・保育活動を参観することである。実際に見ることで、幼児と児童の発達的な特性の違い、環境や組織・システムの違いなどがイメージできるようになり、お互いの教育・保育活動について理解しやすくなる。よりよい連携をするための、重要な第一歩となるものであろう。

2つ目は、相互協力による教育・保育活動の実施である。この実施の

ために、保育者には、生活科など各教科のねらいをはじめとして、小学校教育について理解することが求められる。

　小学校学習指導要領を見ると、指導の効果を高めるために合科的・関連的な指導を進めるよう明記されている（第1章 第4「指導計画の作成等に当たって配慮すべき事項」1の（4））。また、国語科、音楽科、図画工作科において「低学年においては、生活科などとの関連を積極的に図り、指導の効果を高めるようにすること」とされており、特にこれらの科目では、保育との関連が意識されていると言える。実際に「幼稚園教育要領」「保育所保育指針」と「小学校学習指導要領」を比べてみると、領域「言葉」と国語科、また領域「表現」と音楽科、図画工作科は密接な関係にある。また、領域「環境」は、算数科・理科の基礎として数理的感覚や科学的な見方を養うことができるものである。これらの科目のねらいを理解し、子どもたちの遊びの中での発見や思いを、うまく小学校教育と関係づけたり、ディスカッションで意識化することが望まれる。これらの段階を踏まえた先に、接続を意識した、カリキュラム開発という3つ目の交流方法がある。

3　要録の写しの送付

(1) 要録とは

　子どもの連続的な発達を支えるために、園での子どもの育ちを、小学校以降の生活や学びへと、つなげていけるようにすることが大切である。そのための資料として、幼稚園・保育所・認定こども園は「幼稚園幼児指導要録」「保育所児童保育要録」「認定こども園こども要録」の写しを就学先の小学校へ送付することになっている。

　学びをつなげるという意味で、要録に記載する内容のうち、特に注意して記入したいのは、指導の経過と子どもの変容についてである。その子のよさを中心にし、他の幼児との比較やある一定の基準に対する達成度についての評定ではないことに注意して、具体的に記入しよう。また、

小学校教員がその子の育ちを見守れるように、就学後に成長が望まれること、配慮が必要なことなどを記入する。

要録の記入時に、各幼児の詳細な育ちを思い出すことは困難なので、日々記録をまとめ、整理しておくとよい。なお、要録は幼児の個人情報であるが、情報開示の対象となるものである。記載する内容や取り扱いには注意が必要である。

(2) 小学校で活用しやすい資料とするために

資料が十分に活用されるために、次の点に留意することが求められる。①誤解を招くような、曖昧・分かりにくい表現は避ける、②いつのことなのか（何歳・何月頃など）明確にする。そして、資料の送付だけでなく、連絡会を行うなど直接顔を合わせてより具体的な伝達をすることが望まれる。また、小学校教員が求める情報がどのようなものか事前に知っておくことも重要であろう。例として、友人関係や集団活動への適応状況、行動傾向、得意・苦手なことなどが考えられる。

【引用・参考文献】
秋田喜代美・第一日野グループ編著『保幼小連携 ─育ちあうコミュニティづくりの挑戦』ぎょうせい、2013年
佐々木宏子・鳴門教育大学学校教育学部附属幼稚園『なめらかな幼小の連携教育 ─その実践とモデルカリキュラム』チャイルド本社、2004年
篠原孝子・田村学編著『こうすればうまくいく！幼稚園・保育所と小学校の連携ポイント』ぎょうせい、2009年

（鳥越ゆい子）

第12章　行事を生かす保育

第1節　保育における行事の意味

1　園行事の捉え方

　幼稚園や保育園の行事には、どのような思い出があるだろうか。アルバムなどを手掛かりに、幼少期の記憶をたどってみたとき、楽しかったこと、うれしかったことが心に鮮明に浮かび上がれば、あなたにとって幼少期の行事は、有意義なものであったと言える。しかし、必ずしも良い思い出ばかりではなかった場合は、それがなぜなのかという原因を省察してみる必要があるだろう。例えば、運動会で鼓隊をしている写真を見つけたとき、自分の真剣な表情、それを見ている保護者の誇らしい表情から、演奏後褒められて、とてもうれしかったとしたら、それは自分の自己肯定感を増すための良い経験だったと言える。しかし途中で失敗して、その後叱責を受けたり、本番に至る前に挫折したりしたことがあるなどの、くやしい思いがよみがえってくるならば、これは幼児の成長過程にふさわしく、良い経験であったとは言い難いのではないだろうか。そこで、園行事は何のためにあり、それによって幼児期に何が伸びるのかを検証してみる必要がある。

　指導計画の作成に関しては、幼稚園教育要領や保育所保育指針、幼保連携型認定こども園教育・保育要領、各々に掲載されている。

　　　行事の指導に当たっては、幼保連携型認定こども園の生活の自然な流

れの中で生活に変化や潤いを与え、園児が主体的に楽しく活動できるようにすること。なお、それぞれの行事については教育的及び保育的価値を十分検討し、適切なものを精選し、園児の負担にならないようにすること（幼保連携型認定こども園教育・保育要領の第3章、第2　9）。

　子どもの生活の連続性を踏まえ，家庭及び地域社会と連携して保育が展開されるよう配慮すること。その際、家庭や地域の機関及び団体との協力を得て、地域の自然、人材、行事、施設等の資源を積極的に活用し、豊かな生活体験を始め保育内容の充実が図られるよう配慮すること（保育所保育指針の第4章、第1（3）オ）。

行事に関するこれらの記述を踏まえて、次に子どもの立場、大人の立場の2つから行事を比較してみることにする。

2　子どもの立場から行事を捉える

　毎日、デイリープログラムに基づいて園生活が繰り広げられる。この日常の営みは、遊びの内容が日々さまざまに発展しても、さほど大きく変化があるものではない。そのような日常生活の中で、例えば「明日は遠足に出かける」という予定があれば、子どもの心はときめき、楽しみで眠れない状況が見られるだろう。つまり行事は非日常の活動であり、子どもの楽しみや喜びを湧き立たせ、またその行事に参加することで、未知の体験が出来たり、行事参加前後の活動を発展させ、教育・保育効果を上げたり、長期的展望から考えると一生を通じて楽しい思い出を形成させ、自己肯定感を増すことのできるものである。このことから、行事はあくまでも子どもが喜ぶものであり、やってよかったという達成感があるべきであろう。そして、もちろん主体は子どもである。ここで行事の一コマとして数例の写真（次ページ＜**園行事の例**＞）を載せた。

第12章●行事を生かす保育　　*109*

<園行事の例>

スイカ割り

お正月の獅子舞

とんど焼き

中学生との交流

運動会の鼓隊練習

動物園遠足

3　大人の立場から行事を捉える

　子ども以外の、つまり保護者や保育者などの大人の立場から行事を捉えてみることにする。保護者が、わが子を入園させる園の選択肢の一つとして、行事数や行事の内容が挙げられている。ある保護者は行事が多い園に子どもを入園させたいと思う。その理由は行事が多いと保護者も一緒に楽しめ、わが子の晴れ姿を映像などで残せるといったものである。また、他の保護者は、なるべく園行事の少ない園に入園を希望する。それは、仕事が忙しいので休みが取れないと言う理由である。どちらもそれなりに理由ははっきりしているが、大人中心の考え方であることは言うまでもない。

　また保育者であり、その中でも特に園の経営者は、魅力的な園行事を用意することで、入園者を多く集めたいと言う思いもうかがえる。

　以上、子どもの立場と大人の立場から簡単に述べたが、これらは行事の本質を考えるものではなく、行事を表面上だけで捉える考え方である。

4 園行事はどうあるべきか

　行事は誰のためにあるのかと問われたら、答えは1つで、「子どものため」と即答できるであろう。そして「行事の目的は」と問われたならば、この答えは即答できない部分がある。なぜなら一口に行事と言っても、大きく3種類に分けられるからである。

　1つ目は必ず行われなくてはならないもの、つまり避難訓練・健康診断・身体計測など安全で健康的な生活を維持するために行われるもので、法的にも定められている行事である。2つ目は、伝承的な行事で、日本ならではの習わしや季節の節目を表すものである。これらには、ひな祭り、端午の節句、七夕祭りなどが挙げられる。3つ目は、園全体で行う大きなイベント的な行事である。運動会、発表会、遠足などが挙げられる。

　これらは、それぞれに目的が異なっている。しかし、どれも子どもを中心に考えると「行事によって子どもを伸ばす」という目的を達成することはできる。つまり、行事を企画し、実施展開していくなかで、子どもをいかに伸ばすかは、保育者の力量次第である。

　例えば、行わなくてはならない健康診断でも、園医が聴診器を当てるだけではなく「何でも食べていますか？」などと、園児に質問して「はい」と子どもが答えられたら、園医が「それはいいことだよ、元気で大きくなれるよ」と応答してもらえるだけで、非日常的な健康診断で、お医者さんに声を掛けてもらった効果は非常に大きい。

　このような演出ができる園長の役割やアイデアは、子どもを伸ばす行事のあり方に大きく影響する。クラス担任は、子ども一人ひとりに添った言葉を、園医にあらかじめ準備しておく保育の現状から、子どもに「こうあって欲しい」という願いを事前に整理する必要があり、これも園児一人ひとりの育ちを確認する作業であり、クラス担任としての使命の1つである。これらの配慮がなされている園は、素晴らしい保育・教育を行っている園である。

毎年恒例の七夕祭りでは、子どもだけが自分の願いを短冊に書いたり、書いてもらったりするのではなく、短冊を家庭に持ち帰り、親子で話し合いながら短冊に願いを書いて笹に飾ったりする。その結果、例えば「サッカー選手になりたい」という子どもの夢を、この機会に親が把握できれば、天気の良い日曜日には親子で広場に行き、ボール蹴りをして遊ぶなど、親子の触れ合いと親子の健康増進のチャンスにもなる。

　また、恒例の大イベントである運動会においても、子どもの願い、保護者の願い、保育者の願いをくみ上げるような形の運動会にしていこうと、事前に相談し合うなどの一手間が、マンネリ化を防ぎ、生き生きとした運動会を計画・実行できるのではないだろうか。つまり、行事だけでなく保育の全てにおいて、誰のために、何のために行うのかを常に考えていくことが重要である。そして計画・実践・省察を繰り返していくことで、子どもが伸び、保護者も伸び、保育者も伸び、また園行事そのものも、進化していける行事の持ち方を検討していくべきである。

第2節　行事のための計画

保育者として行事の計画を立てる

　保育者として大きな行事の企画・担当を任された場合、どのような点に留意したらよいだろうか。ここでは園児が、0～5歳児で合計200人の保育園をモデルにして、運動会の計画から実践までを、筆者の体験を踏まえて時系列で述べる。

　4月：本年度の行事担当者発表。主担当者1名、副担当者1名他。
　5月：大まかな構想を練る。職員会議で提案した結果、子どもの思い、
　　　　保護者の願いを、リサーチすることとなった。

6月：リサーチ結果
- ・0歳児保護者：無理のない参加、子どもが喜んで参加できる番組にして欲しい。写真やビデオ撮影希望。
- ・1歳児保護者：昨年は運動会が長時間で疲れた。親子で分かれてゲームをすると泣いてしまう。
- ・2歳児保護者：兄弟が多いので、親子ゲームのとき他の子の面倒を見て欲しい。
- ・3歳児保護者：雨天のとき、順延は休暇が取りにくい。
- ・4歳児保護者：かなり体力がついてきたので何かに挑戦させたい。
- ・5歳児クラス：保護者は恒例の鼓隊を期待している。最後の運動会なので、成長の跡を見たい。

以上保護者の願いを上げたが、これとは別に、保育者は子どもと話し合ったり、園生活の現状での興味・関心があるものをまとめたりした。これら全ての立場からの願いをかなえた運動会が、果たしてできるのか不安の声もあるが、一応実施時期は例年通り10月中旬とする。

7月：〔提案A〕体力的にも差が大きい3歳以上児と、3歳未満児を区別して、運動会を2回に分けてはどうか。

　提案Aのメリットは短時間で済む。紫外線のことも考えて屋内で行えば、雨天順延という弊害がない。提案Aのデメリットは、せっかく仕事を休んで参加したのに、物足りないのではないかと考えられる。また運動会が2回になると、兄弟が3歳未満児、3歳以上児にいる人は、2回仕事を休むことになる。

〔提案B〕運動会は一日で実施するが、前半と後半に分け、前半は3歳未満児で後半は3歳以上児にして、3歳未満児の親子は後半の見学参加を自由にする。

　提案Bのメリットは、3歳未満児の保護者が、子どもの状態次

第で参加見学時間を選択できる。対案Bのデメリットは、兄弟が3歳以上児にいると、3歳未満児は従来通りの長時間参加となる。

　提案A・Bとも、それぞれの立場に立って考えると一長一短がある。しかし、昨年の経験や保護者からの本音の願いを考慮しようとしたところは、前進していると考えられる。ここで園長から画期的な提案がなされた。「運動会をわが園庭で行うものだという概念を外して、考えられないだろうか」と言うものであった。10月運動会と11月の遠足を合体して、3歳未満児と3歳以上児に分かれて行う。つまり、10月末に、3歳以上児の遠足兼運動会を行い、11月中旬に、3歳未満児の遠足兼運動会を行う。それぞれの年齢的な体力を考慮して、遠足の目的地選びに負担のないようにする。このことで兄弟の場合も、どちらかの子どもが、今日だけは保護者の愛情を独り占めにでき、親子関係をより豊かにできる機会となる。雨天も考えて、戸外と体育館など2カ所を目的地にして、天候による心配をなくす。兄弟のない保護者は、2回休暇を取るところが1回になり助かるだろうし、兄弟がある家庭は、昨年同様の行事回数なので異論はないと思われる。以上の考えから、園長の提案に基づいて進めることとなった。

　8月：本年の運動会兼遠足の計画が、進んでいることを園便りに掲載し、保護者に早めに周知してもらうようにする。
　　　運動会係は遠足係と協力して、目的地選択やバスなどの手配、現地の下見後報告し、各クラスの種目を考えてもらう。本年の運動会兼遠足のテーマを、保護者と保育者に向けて募集し、その結果「ワクワク・ドキドキ運動会遠足」とした。
　9月：各クラスが、子どもたちの遊びや興味・関心から、運動会の種目になるものを観察し、発展させていくようにしていることを、会議で報告し合い、重複を防ぐようにした。

10月：遠足ごっこと運動会ごっこが、繰り返されて楽しまれているが、一番問題なのは5歳児の鼓隊である。例年どおりの楽器を使うと、衣装などとともに移送や準備時間、練習等が負担となる。

　ここで5歳児クラス担任から、ビデオの利用という提案がなされた。日頃からこれはと思うシーンをビデオで撮りためている。それは卒園式の後で映写し、自由に見てもらう予定であったが「最初の練習風景から、かなり完成した鼓隊を、遠足先のアリーナで昼食時間にビデオで映写して、例年どおりの活動を、本年もしていることを発表してはどうか」と言う提案がなされた。

　また日頃の練習を、自由に参観できることを保護者に知らせたり、遠足運動会後、希望者にはビデオのダビングができることなどを、知らせたりする。運動会遠足当日は、親子で映写を見ながら話し合いができ、また子ども自身も、自分の姿を客観的に見るチャンスになるという、新しい体験ができるのではないかという意見が出た。これには全職員が賛同し、保護者会長にまずは説明し、反応が良ければ実施することになった。

〔前日〕放送設備、救急道具、参加者名簿、行程表、運動会プログラム、職員の係り、そして配置表、道具点検など、それぞれのリストに沿って準備をした。

〔当日〕バスごとの責任者が、人数把握を完璧に行うように注意喚起する。

　以上のように、本年初の運動会遠足が実施された。その後の反省記録を挙げる。

＜3歳以上児の記録＞

　現地に着いて、自然を満喫した後、芝生広場でかけっこや各種親子競技を楽しんだ後、アリーナに移動し、ビデオ映写を見ながらお弁当を食べた。親子とも満足の様子であった。食後、自然発生的に担任を囲んで、

保護者との軽い懇談会ができて良かった。その間、子どもたちは、担任外の保育者に紙芝居を読んでもらい、休息を兼ねたひとときを持てたのは良かった。保護者の大半は、今年の企画に満足した様子であった。

　＜3歳未満児の記録＞

　ドングリ拾いができたので、子どもが喜んだ。運動会的な遊びも、負担なくゆったりと楽しめた。その後は砂場で遊んだり、低い滑り台を滑ったりと、小さい子用の遊具があって良かった。公民館で食事をするつもりであったが、木陰の方が気持ちよいので、保護者に選択してもらったところ、ほとんどの人が木陰を選んでゆったりと過ごすことができた。気持ちが良いのと疲れからか、お昼寝をする子が多く、園のタオルをたくさん用意していたので、上掛けにできて良かった。保護者の中から、こんなにゆったりと子どもに接することができて「親子ともどもリフレッシュできた」との感謝の言葉が聞かれた。

　以上0〜5歳児の園児200人の保育園を例に挙げ、運動会の進行状況を記述した。この例からも考えられるように、昨年と同じように今年も行うのではなく、多くの人が「参加して良かった」と思える行事になるように、保育者の柔軟な考え方が重要になってくる。あくまでも多数の人と、いろいろな意見を出し合える場が必要であり、最終的には子どもを中心にして、それぞれの立場の人が、その行事を実践することで、最大限効果が得られるように、前向きで広く柔軟な考えでの実行力が不可欠となる。

【引用・参考文献】
　内閣府・文部科学省・厚生労働省『幼保連携型認定こども園教育・保育要領』フレーベル館、2014年

（山本佳子）

第13章 さまざまな保育方針と教育・保育課程

　今般、現行の幼稚園教育要領（平成20年3月告示）を改訂し、2018年度（平成30年）に告示予定の新幼稚園教育要領をめぐり、文部科学省教育課程部会幼児教育部会を中心に審議が進められている。2016年6月21日の第9回教育課程部会幼児教育部会資料「幼稚園教育要領の改善イメージ（たたき台案）」によれば、新たに「第3　指導計画の作成・実施と評価」において「言語活動の充実」や「幼児が見通しを立てたり振り返ったりする活動」「視聴覚教材等の活用」など、小学校学習指導要領を視野に入れた事項が新設されることとなっている。

　新保育所保育指針についても、社会福祉法人日本保育協会は「保育所指針改定についての意見」（2018年5月10日）において、「保育所においても幼稚園と同じような教育を実施していることから、養護だけでなく子どもの成長・発達を保障する教育的な視点を導入していることを強調すべきである。」としている。

　このように、新幼稚園教育要領や新保育所保育指針は、より義務教育課程との接続を意識した教育・保育課程内容が規定される見方が強い。しかし、あくまでも幼稚園、保育所、認定こども園等の利用者は乳幼児であることに鑑みれば、「遊び」は就学前段階において普遍的事項であるし、「環境を生かした保育」や「自由保育」など、就学前段階に特有の保育方法は、今後も各園で実践されていくこととなる。重要なのは、現行の幼稚園教育要領や保育所保育指針等において、これらの保育方法がどのように規定され、一般化されているのかについて理解を深めることである。本章では、これまで実践されてきたさまざまな保育方針につ

いて概説していく。なお、出典箇所の下線は本章を読み進める上で重要な箇所であるため、筆者が付記したものである。

第1節　環境を生かした保育

1　幼稚園における環境を生かした保育

　就学前段階の教育および保育実践の基本概念の1つに「環境」がある。幼稚園教育要領の第1章第1「幼稚園教育の基本」において、「幼児期における教育は、生涯にわたる人格形成の基礎を培う重要なものであり、幼稚園教育は、学校教育法第22条に規定する目的を達成するため、幼児期の特性を踏まえ、環境を通して行うものであることを基本とする」と示されている（下線筆者）。

　学校教育法第22条は「幼稚園は、義務教育及びその後の教育の基礎を培うものとして、幼児を保育し、幼児の健やかな成長のために適当な環境を与えて、その心身の発達を助長することを目的とする」と規定される。同法において幼稚園教育は、小学校および中学校における9年間の義務教育を初め、高等学校以上の機関における学びの基礎となるとし、そこでは環境を通じた保育が展開されるということである。

　そして幼稚園教諭は、「環境を通じて」次のことを踏まえて行うように幼稚園教育要領において示している。

　　　教師は、幼児の主体的な活動が確保されるよう幼児一人一人の行動の理解と予想に基づき、計画的に環境を構成しなければならない。この場合において、教師は、幼児と人やものとのかかわりが重要であることを踏まえ、物的・空間的環境を構成しなければならない。また、教師は、幼児一人一人の活動の場面に応じて、様々な役割を果たし、その活動を

豊かにしなければならない（下線筆者）。

つまり幼稚園教諭は、子どもが環境を通じて主体的に活動する上で、常に環境を意識した課程（カリキュラム）づくりを行っていかなければならない。この内容について、幼稚園教育要領で示されている五領域の一つ「環境」において具体的に定められている。また、「ねらい」には、3点が提示されており、いずれも「身近な」という言葉で始まっている。特に「3内容の取扱い（2）」（**図表**）は、後述するように小学校との連携に依拠した内容が示されている。

このように、幼稚園教育における「環境」のねらいでは、子どもたちに身近な環境に親しみ、そこから教員は子どもたち自身が、新たな発見に出合えるように促すことを目的としていることが分かる。

2 保育所における環境を生かした保育

保育所における「環境」については、保育所保育指針の第1章の3（3）「保育の環境」において示されている。

> 保育の環境には、保育士等や子どもなどの人的環境、施設や遊具などの物的環境、更には自然や社会の事象などがある。保育所は、こうした人、物、場などの環境が相互に関連し合い、子どもの生活が豊かなものとなるよう、次の事項に留意しつつ、計画的に環境を構成し、工夫して

図表　平成20年3月告示幼稚園教育要領における「環境」

領域	環境
3.内容の取扱い	(2) 幼児期において自然のもつ意味は大きく、自然の大きさ、美しさ、不思議さなどに直接触れる体験を通して、幼児の心が安らぎ、豊かな感情、好奇心、思考力、表現力の基礎が培われることを踏まえ、幼児が自然とのかかわりを深めることができるよう工夫すること。

出典：［文部科学省、2008年］「第2章　ねらい及び内容　環境」を基に筆者作成

保育しなければならない。

　保育所においても、幼稚園と同様に「環境を生かした保育」の実践が示されている。『保育所保育指針解説』によれば、「環境を通して、養護と教育が一体的に展開されるところに保育所保育の特性があり、その際、子ども一人一人の状況や発達過程を踏まえ、環境を整え、計画的に保育環境を構成していくことが重要」とされている。
　さらに保育所保育の特質として「養護と教育が一体的に展開される」がある。「環境」を通じて、養護と教育が一体的に展開することについて、『保育所保育指針解説』の第1章2（2）「養護と教育の一体性」では「子どもは（中略）自ら環境に関わり、興味や関心を広げ、さまざまな活動や遊びを通じて新たな能力を獲得していく」と示されている。
　子ども自ら環境に関わる前提として、保育士や他の子どもとの安定した関係性の構築があるということである。その際、保育士が配慮する点としては、保育所保育指針で挙げられている。

第2節　見守る保育

1　幼稚園における「見守る保育」

初めに、現行の学校教育法の第30条 第2項を見てみたい。

> 第30条　2　前項の場合においては、生涯にわたり学習する基盤が培われるよう、基礎的な知識及び技能を習得させるとともに、これらを活用して課題を解決するために必要な<u>思考力、判断力、表現力</u>その他の能力をはぐくみ、主体的に学習に取り組む態度を養うことに、特に意を用いなければならない（下線筆者）。

文部科学省は、近年の国内外の学力調査の結果などを踏まえ、わが国の子どもたちには思考力・判断力・表現力等に課題が見られるとしている。その萌芽的な取り組みは、幼稚園や保育所など就学前教育の段階で実践されている。
　例えば、先に見た「環境を生かした保育」では、幼稚園教育要領「3　内容の取扱い（2）」において、自然の大きさ、美しさ、不思議さなどに直接触れる体験を通して、豊かな感情、好奇心、思考力、表現力の基礎が培われ、自然に触れることで、思考力や表現力の基礎が培われるとして、環境領域としての意義を示している。
　こうした力の基礎が培われるためには、子どもの自主性を尊重する教育、保育が大切になり、方法として「見守る保育」がある。
　現行幼稚園教育要領において「見守る保育」という用語は明記されていないが、主旨は「子どもの自主性を尊重することに加えて、高めていくこと」である。例えば幼稚園教育要領「第3章　指導計画及び教育課程に係る教育時間の終了後等に行う教育活動などの留意事項　第1-（2）-イ」には次のような、指導計画の作成に当たっての留意事項が記されている。

　　イ　環境は、具体的なねらいを達成するために適切なものとなるように構成し、幼児が自らその環境にかかわることにより様々な活動を展開しつつ必要な体験を得られるようにすること。その際、幼児の生活する姿や発想を大切にし、常にその環境が適切なものとなるようにすること。

　つまり主体は子どもであり、子どもの反応を尊重していくということである。教員としては、子どもの反応をある程度、想定して計画を立てるが、想定外の反応を子どもが示したとしても、それが答えであり、「見守る保育」という視点を前提に進められる保育ということである。

2　保育所における「見守る保育」

　同様に、保育所における「見守る保育」については、保育所保育指針の第4章1「(2) 保育の計画」(エ) において「具体的なねらいが達成されるよう、子どもの生活する姿や発想を大切にして適切な環境を構成し、子どもが主体的に活動できるようにすること」と示している。
　『保育所保育指針解説』では、保育士は具体的に設定したねらいや内容を、子どもが経験できるように物、人、自然事象、時間、空間等を総合的に捉えて、子どもが環境に関わって主体的に活動を生み出したくなるような、心ゆさぶる、魅力ある環境を構成する必要があるとしている。この環境構成には「計画的な側面」と、「子どもが環境に関わりながら生じた偶発的な出来事を生かす側面」があり、「ある特定の活動を想定して大人主導で展開させるための環境ではなく、子どもの気付き、発想や工夫を大切にしながら、子どもと共に環境の再構成をしていくことが大切」としている。つまり、子どもからの気付きや発想を見守るという視点である。

第3節　自由保育

　今日、「自由保育」の確固たる定義は定まっておらず、現行幼稚園教育要領や保育所保育指針等からも「自由保育」という言葉は看取できない。大場ら (1978) は「自由保育とは、子どもの自主性にまかせて、子どもの個性が十分に発揮できるように子どもに援助することが主な流れになる保育です。そのためには、外部からの拘束をしないよう、『自由』を奪わないようにすることが必要になります」と論じている。また飛田 (2015) は、自由保育というのは子どもたちが自由に遊んでよい時間と考えられるが、その自由保育の時間は教員が設定した時間の中で行

われるため、教員が指導計画を立てた中に含まれる時間になると論じている。つまり、自由保育とは、子どもの登園から降園までの全ての時間が自由で、子どもは何をやってもよいというものではなく、あくまでも園の指導計画を基にして、子どもが自主的に自由に過ごす時間と解することができる。

しかし、こうした時間も、既述のように教育課程、保育課程に組み込まれていることに鑑みれば、子どもが自由な遊びを行う過程において得るものがなければならない。

現在、小学校1年生などの教室において、学習に集中できない、教諭の話が聞けずに授業が成立しない（いわゆる「小1プロブレム」）などの課題を抱えている学校が見られる。つまり、保育者として自由保育をどのように捉えるかが、小学校との接続を見据えて非常に重要になってくる。

第4節　宗教に基づく保育

特定の宗教をベースにした教育、保育方針を掲げ、宗教的情操教育を行う幼稚園や保育所も設立されている。宗教的情操教育とは、宗派教育と宗教知識教育の中間に位置し、人間を超えたものに対する畏敬の念を育むような教育である［斎藤一久、2015］と同時に、非常に多義的であり、各園によってさまざまであることは言うまでもない。

先ず、宗教に基づく保育は、設置主体が公設（国または市町村）の場合、実施できない。民設はいわゆる私立をいうが、宗教に基づく保育を行っていく場合、法人として認可を受け、認可が下りれば幼稚園もしくは保育所を開設し、思想・信条に基づいた教育、保育を展開することが可能となる。

次に宗教に基づく保育の利点については、大きく2つ考えられる。

1つは宗教的情操教育を行うことから、その思想・信条に対して共感

する保護者側の選択が可能となることである。

2つめは、もう少し大きな枠で考えれば、宗教に基づく保育を実践する私立幼稚園や保育所があることで、全体的に就学前教育に多様性を持たすことができる。つまり宗教的私立や、モンテッソリー教育やシュタイナー教育など、教育哲学を基にした私立などが存在することで、幼児教育全体に多様性をもたらすということである。

第5節　異年齢保育

異年齢保育に関しては、幼稚園と保育所等において若干の差異がある。

先ず、幼稚園は学校教育法第1条で定められた学校としての性格上、同学年の学級編制を原則（幼稚園設置基準で規定）としているため、教育要領そのものに異年齢についての記述はない。

しかし、異年齢の交流は各園で実践されており、幼稚園教育要領解説「第2節 幼児期の特性と幼稚園教育の役割　2 幼稚園の生活」では「特に近年、家庭や地域において幼児が兄弟姉妹や近隣の幼児と関わる機会が減少していることを踏まえると、幼稚園において、同年齢や異年齢の幼児同士が相互に関わり合い、生活することの意義は大きい。」としている。また「預かり保育」については教育課程外の教育活動として位置付け、家庭や地域の生活も考慮して異年齢による編制も有効であるとしている。

一方、保育所保育指針では、4歳以上児について保育のねらいにおいて異年齢交流を掲げている。4歳児は「異年齢の子への関心・関わり」、5歳児は「異年齢の子たちと遊ぶ楽しさ」、6歳児は「異年齢の子たちへの積極的関わり、生活や遊びでの役割分担」である。

『保育所保育指針解説』において、異年齢の編成による保育の指導計画については、さまざまな年齢の子どもたちが共に生活する場という保育所の環境を生かし、異年齢編成での保育によって自分より年上、年下

の子どもと交流する体験を持つことで、同一年齢の保育では得られない諸側面の育ちが期待されている。

　異年齢の編成による保育では、子どもたちが互いに育ち合うことが大切であり、こうした異年齢の子ども同士による相互作用の中で、子どもは同一年齢の子ども同士の場合とは違った姿を見せることもある。異年齢の子どもたちが関わり合うことで、日々の保育における遊びや活動の展開の仕方がより多様なものとなることが望まれている。一方、異年齢の編成の場合は子どもの発達差が大きいため、個々の子どもの状態を把握した上で、保育のねらいや内容を明確に持った、適切な環境構成や援助が必要となる。

【引用・参考文献】

磯部裕子『教育課程の理論―保育におけるカリキュラム・デザイン〔改訂版〕』萌文書林、2003年

大場牧夫・海卓子・平井信義・本吉圓子・森上史郎『これからの保育― 2「自由」とは何だろう』フレーベル館、1978年、p283

小川博久『21世紀の保育原理〔新訂版〕』同文書院、2005年

厚生労働省『保育所保育指針解説書』フレーベル館、2008年

斎藤一久「第2章 教育の実施に関する基本　第15条（宗教教育）」荒牧重人・小川正人・窪田眞二・西原博史編『教育関係―新基本法コンメンタール』（別冊法学セミナー no. 237）日本評論社、2015年、p60

酒井朗・横井紘子著『保幼小連携の原理と実践―移行期の子どもへの支援』ミルネヴァ書房、2011年

文部科学省『幼稚園教育要領解説』フレーベル館、2008年

飛田隆「幼稚園教育における課題保育と自由保育の一考察」茨城キリスト教大学『茨城キリスト教大学紀要』（人文科学49）、2015年、pp. 111-122

（澤田裕之）

第14章　児童福祉施設における計画と評価

第1節　児童福祉施設における計画

1　計画の意義

　児童福祉施設における計画には、さまざまなものがある。施設での生活における計画として年間の行事予定計画や、子どもたちへ計画的な支援を行うための支援計画等がある。平成9年に児童福祉法の改正が行われ、要保護児童への施策について、保護から自立支援へと基本理念の転換が行われた。また、児童福祉施設最低基準（現在の児童福祉施設の設備および運営に関する基準）を改正し、平成17年より、児童養護施設等の各施設長は、入所児に対して計画的な自立支援を行うため、入所児に対して支援計画を策定しなければならないことが定められた。そのような改正等により、入所している子どもたちの支援は担当職員を始め、施設長や他の職員も情報を共有し、入所から退所後までの継続した支援を行うことを視野に入れて、自立支援計画や入所支援計画が策定されることとなった。そのため現在、子ども一人ひとり個別に支援計画が立てられる。

　自立支援の理念とは「児童の自立を支援していくとは、一人一人の児童が個性豊かでたくましく、思いやりのある人間として成長し、健全な社会人として自立した社会生活を営んでいけるよう、自主性や自発性、自ら判断し、決定する力を育て、児童の特性と能力に応じて基本的生活習慣や社会生活技術（ソーシャルスキル）、就労習慣と社会規範を身につ

け、総合的な生活力が習得できるよう支援していくことである」[厚生省児童家庭局家庭福祉、1998]とされている。子どもの自立を支援することはただ経済的に自立することだけではなく、人として成長し、社会の中で他者と関わりながら、生活していくことができるようにすることである。

児童福祉施設の種別によって策定される支援計画の種類や策定方法はそれぞれ異なる。下記で児童福祉施設の種別による支援計画について見ていく。

2 児童福祉施設の種別による計画

(1) 養護系児童福祉施設

養護系児童福祉施設の中には「保護者のない児童、虐待されている児童その他環境上養護を要する児童を入所させて、これを養護し、あわせて退所した者に対する相談その他の自立のための援助を行うことを目的とする」(児童福祉法第41条)児童養護施設や「乳児(保健上、安定した生活環境の確保その他の理由により特に必要のある場合には、幼児を含む)を入院させて、これを養育し、あわせて退院した者について相談その他の援助を行うことを目的とする」(児童福祉法第37条)乳児院がある。また「配偶者のない女子又はこれに準ずる事情にある女子及びその者の監護すべき児童を入所させて、これらの者を保護するとともに、これらの者の自立の促進のためにその生活を支援し、あわせて退所したものについて相談その他の援助を行うことを目的とする」(児童福祉法第38条)母子生活支援施設があり、養護系の施設では児童自立支援計画を策定する。

乳児院運営指針・児童養護施設運営指針の中に「アセスメントに基づいて子ども一人一人の自立支援計画を策定するための体制を確立し、実際に機能させる」と記載されている通り、各施設において「子どもの心身の状況や、生活状況等を正確に把握するため、手順を定めてアセスメントを行い、子どもの個々の課題を具体的に明示」した上で支援計画を策定していく。その際には、ケース会議によってアセスメントが行われ、

策定された自立支援計画は児童相談所と共有する。また、児童相談所だけでなく施設の全職員で自立支援計画を共有し、統一された養育や支援を行うこととなっている。

母子生活支援施設においては運営指針の中で同様に「アセスメントに基づいて母親と子ども一人一人の自立支援計画を策定するための体制を確立し実際に機能させる」とされている。子どもだけではなく、母親も入所していることから、この両者について検討し、策定していく。

また、「母親と子どもの心身の状況や、生活状況を正確に把握するため、手順を定めてアセスメントを行い、母親や子どもの個々の課題を具体的に明示」した上で支援計画を策定していく。母子生活支援施設の自立支援計画の場合、母親と子どもそれぞれにアセスメントを行い、策定することが前提となる。策定した支援計画は施設の全職員で自立支援計画を共有し、統一された養育や支援を行うこととなっている。

(2) 治療系児童福祉施設

治療系児童福祉施設には児童自立支援施設及び情緒障害児短期治療施設（児童心理治療施設）が含まれる。児童自立支援施設は「不良行為をなし、又はなすおそれのある児童及び家庭環境その他の環境上の理由により生活指導等を要する児童を入所又は通所させて、個々の児童の状況に応じて必要な指導を行い、その自立を支援し、あわせて退所者について相談等の援助を行うことを目的とする」（児童福祉法第44条）施設である。情緒障害児短期治療施設（児童心理治療施設）は「軽度の情緒障害を有する児童を、短期間、入所させ、又は保護者の下から通わせて、その情緒障害を治し、あわせて退所したものについて相談その他の援助を行うことを目的とする」（児童福祉法第43条の5）施設である。

「児童自立支援施設運営指針」によれば児童自立支援施設での自立支援計画は「子どもの心身の状況や、生活状況等を正確に把握するため、手順を定めてアセスメントを行い、アセスメントに基づき、子どもの個々の課題を具体的に明示」し「アセスメントに基づいて子ども一人一

人の自立支援計画を策定するための体制を確立し、実際に機能」させていくとされている。

「情緒障害児短期治療施設運営指針」によれば、情緒障害児短期治療施設での自立支援計画は「アセスメントに基づいて子ども一人一人の自立支援計画を策定するための体制を確立し、実際に機能」させていくとされている。

両施設とも児童相談所と自立支援計画を共有し、養護系の施設と同様に策定した支援計画は全職員で自立支援計画を共有し、統一された養育や支援を行うこととなっている。

(3) 障害児系児童福祉施設

障害児系児童福祉施設には福祉型障害児入所施設と医療型障害児入所施設がある。障害児系の施設は自立支援計画ではなく、入所支援計画（個別支援計画）を策定することとなっている。児童福祉施設の設備及び運営に関する基準第52条に「福祉型障害児入所施設の長は、児童の保護者及び児童の意向、児童の適性、児童の障害の特性その他の事情を踏まえた計画を作成し、これに基づき児童に対して障害児入所支援を提供するとともに、その効果について継続的な評価を実施することその他の措置を講ずることにより児童に対して適切かつ効果的に障害児入所支援を提供しなければならない」と規定されている。

3 計画の内容

支援計画の中には、さまざまな内容が含まれている。以下にその内容について示す（図表）。

①子どもの基本的な情報（氏名、生年月日等）
　子どもの基本的な情報を把握するとともに、措置の背景を知り、支援計画を策定する際に参考とする。
②自立支援の方針
　支援計画策定の際に家族との関係、子どもが自立していく上で必要

図表　児童自立支援計画書（例）

施設名：○○児童養護施設　　　　　　　　　　　　　　　　　　　作成者：○○○○

子ども氏名	○○○○	性別	男	生年月日	○○年○月○日（○歳）
保護者氏名	△△△△	続柄	母	作成年月日	
主たる問題	・被虐待経験による問題行動がある。 ・集団生活に馴染むことができない。				
本人の意向	・友達を作り、話ができるようになりたい。 ・母親と一緒に暮らしたくない。兄弟とは一緒にいたい。				
保護者の意向	・一緒にいるとストレスをぶつけてしまうので、しばらく施設にいてほしい。 ・いずれ将来的には一緒に暮らしたい。				
市町村・保育所・学校などの意見	・クラスの中で他児とうまくかかわることができず、トラブルを起こしてしまう。 ・他児と関われるようになってもらいたい。 ・専門的な支援を受けながら学校に通うのであれば、受け入れ体制を整えたい。				
児童相談所との協議内容	集団でうまく人と関わることができず、その不満や苛立ちを他児へぶつけて傷つけてしまうことがある。人との関わり方を学び、集団生活ができるように大人との信頼関係を形成する。母親とは少しずつ通信から関わりを持っていく。				
支援方針	問題行動の改善を図るためにも、大人との信頼関係を形成していくことが必要。また、集団での生活ができるように人との関わり方に関して少しずつ慣れていくことが必要である。将来的に母親と生活ができることも視野に入れて母親の養育方法の改善を図る。				

第○回　自立支援計画の作成および評価　　　　　次期検討時期：○年○月

子ども本人

＜長期目標＞　集団生活で人と関わり、安心して生活できるようになる。
　　　　　　　大人との信頼関係を築く。

	支援上の課題	支援の目標	支援内容・方法	評価(内容・期日)
（優先的重点的課題）短期目標	集団生活を送っていく中で、人と関わることがうまくできない。	人との関わりができるようになる。	施設での生活の中で少人数の子どもたちとの関わりから始める。	
	大人への信頼がなく、安心して生活ができない。	特定の大人との信頼関係を築く。	個別的な関わりを通して、特定の大人への信頼関係を築いていく。	

家庭（養育者・家族）

＜長期目標＞　本児と適切に関われるようになる。
　　　　　　　ストレスを溜めないような環境・関係を作る。

	支援上の課題	支援の目標	支援内容・方法	評価(内容・期日)
（優先的重点的課題）短期目標	本児のことは大切にしたいが、関わり方がわからない。子どもの感情について理解できていない。	自分の言動が子どもに与える影響の大きさについて知る。	ペアレンティングへの参加。	
	ストレスの発散がうまくできず、子どもへ当たってしまう。	ストレス発散の方法を身に付ける。	ストレスを溜めない環境や発散方法を。	

地域（保育所・学校等）

<長期目標> 学校と密に連絡を取り、必要に応じて支援できるような体制を整備する。

	支援上の課題	支援の目標	支援内容・方法	評価(内容・期日)
（優先的重点的課題）短期目標	落ち着いて生活することができず、クラスメイトとうまく関われない。	学校でも安定した生活を送ることができるように体制を整える。	施設での生活の仕方等、職員と蜜に連絡を取り対応方法について知る。	

総合

<長期目標> 周囲との関係を構築できるようにする。
　　　　　問題行動の改善が見られたら、少しずつ母親との関係を調整する。

	支援上の課題	支援の目標	支援内容・方法	評価(内容・期日)
（優先的重点的課題）短期目標	周囲と関わることが難しい。	周囲と安定した関わりができるようになる。	少人数から特定の人と関わっていき、関わり方を身に付ける。	
	本児と母親の関係が悪いので、調整を図る。再統合ができそうか検討する。	落ち着いた環境の中で母親と関わりを持てるようにする。	母親の状態が落ち着いたら、通信から始めて関係を調整していく。	

<特記事項>

となる支援等の最終的な目標を記載する。
③子どもの意向
　子ども自身が希望している現在の将来的な希望も踏まえることが必要である。
④子どもが抱える課題や問題点
　現在、子どもが生活の中で抱えている課題や問題点を示すことにより、解決のための目標や具体的な取り組みを検討することができる。この課題や問題点はさまざまな視点からの課題や問題点を記載する。家族との関係、生活上の課題だけでなく、医学的な問題等も含む。
⑤目標と取り組み
　子どもが抱える課題や問題点を解決するため、子どもの意向や自立支援の方針を達成するための目標を立てる。目標には短期目標・中期目標・長期目標があり、期間を検討し、具体的な目標を設定する。その目標を達成するために必要な具体的な取り組みを検討し、記載する。その際には、目標達成に繋がるような今年度に取り組むことができる内容を検討し、記載する。

4　計画作成の留意点

　各児童福祉施設において支援計画を策定する際に、留意すべき点として以下のような事項が挙げられる。
①支援計画には、支援を行う上での課題と、課題を解決するための支援目標と、目標を達成するための具体的な支援内容・方法を定めなければならない。
②支援計画を策定する際には、子ども一人ひとりのことを理解して策定する必要があるため、しっかりとアセスメントを行う。
③支援計画を策定する際には、子どもの課題だけではなく、その家族への必要な支援についても検討し、策定する必要がある。
④支援計画を策定する際には、支援計画策定の管理責任者を設置する。

⑤母子生活支援施設における自立支援計画は福祉事務所と連携の上、策定する。
⑥支援計画を策定する際には、管理責任者とともに多職種の施設職員によるさまざまな視点を生かし、子どもの発達や抱えている課題に沿った支援計画を検討する。

　以上のように、各種別や生活様式等によって支援計画を策定する際には配慮すべき点がある。そのため、支援計画策定に関しては、会議によって全職員の意見を基に作成し、合議の上で決定していくことが必要となる。

第2節　計画の評価と見直し

1　計画の評価

　支援計画は策定し、その計画に沿って支援を実践して終わるわけではない。支援計画は、子どもの成長や置かれている状況の変化、目標の達成状況によって変更していくことが必要となる。
　そのため、支援計画を策定した後に必ず支援計画による支援方法を実践の振り返りを行う。その支援方法に効果があったのか、またはその支援方法が適切であったかについて振り返りを行う。その振り返りの際には評価票を用いて、自己評価だけではなく客観的な評価も行い、内容について評価する。子どもの問題行動や課題の発見や指摘だけでなく、それまでに実践された支援が子どもの成長や発達にどの程度役割を果たしたか評価するとともに、支援に関しての改善点を発見することが重要となる。

2 計画の見直し

　支援計画の評価を行った後、その評価を参考に計画を見直し、次の支援計画を策定していく。支援計画を見直し、改めて策定していく際には再度子どもの意向を確認し、さらに家族の方針等も確認して決定していく。評価の際に挙がった支援方法の課題に関しても、今後職員の技術や専門性が向上していくように支援方法を検討していく。また、子どもたちの成長や発達に合わせて短期・中期・長期の目標や取り組みの内容も変更していくことが必要となる。

　支援計画の見直しは定期的に行われる必要がある。乳児院、児童養護施設、母子生活支援施設、児童自立支援施設、情緒障害児短期治療施設の運営指針には「アセスメントと計画の評価・見直しは、少なくとも半年ごとに定期的に行い、かつ緊急の見直しなど必要に応じて行う」と書かれている。このように定期的な見直しが定められている。また、子どもの状況の緊急的な変化に応じては柔軟に見直しを行っていく。

【引用・参考文献】
　厚生省児童家庭局家庭福祉課監修『児童自立支援ハンドブック』日本児童福祉協会、1998年、p.18
　厚生労働省雇用均等・児童家庭局長通知「乳児院運営指針」「児童養護施設運営指針」「母子生活支援施設運営指針」「児童自立支援施設運営指針」「情緒障害児短期治療施設運営指針」2012年
　厚生労働省令「児童福祉施設の設備及び運営に関する基準」1948年

（佐藤　恵）

第15章 保育の質を高める計画と評価

第1節 計画と評価の関係

1 指導案の作成

　保育者、特に実習生は日々の実践の中で、「指導案」という教育計画を立てることに、苦労しているのではなかろうか。ではなぜ、保育において教育計画があるのだろうか。その理由は、①計画を立てることで、行き当たりばったりの教育を行うことの無駄や偏りをなくし、活動に見通しをもって取り組むため、②成長著しい子どもを対象とする幼児教育では、年齢や発達の時機によって、経験すべき課題が存在し、それらを体系化しておく必要があるため——などが挙げられよう。つまり、教育者の「教える」行為に込める意図を明確にし、その意図を子どもたちの学びの過程で具体化して、活動を展開していくために「指導案」を書くのである。
　「指導案」を書く上で重要なことは、指導案起案者の教育的意図が、明確化されていることである。意図、ねらい、目的を言語化し、教育に臨む自分自身が、どのような意図を持っているのかを自覚することである。こうして「指導案」を練り上げる過程で、言語化した意図が、実際の教育場面で、どのように具体化される必要があるのかを予見する「実践の指針」となる［畠山、2015］。
　とは言え、「誰がやっても同じように教育効果がある完璧な指導案」

は存在しない。誰がやっても同じ結果が導かれるような「指導案」は、むしろ子どもを想定通りに「操作」する対象としてしまう。そうではなく、「指導案」は自身の実践を再検討するための手段として存在する。そのためには、実習を通じて「指導案」という計画を実践し、計画と実践との間のズレを分析して評価し、その結果を改善のための指針としなくてはならない。すなわち、明確な保育目標を立てて初めて、「計画→実践→評価→改善」という一連の営みを進めることが可能となる。

では、このような「計画→実践→評価→改善」を、具体的にどのような方法で行えばよいのか？ そこで次項では、指導案作成から改善に至るまでの流れとして、「PDCAサイクル」という方法を紹介する。

2 PDCAサイクル

「PDCAサイクル」とは「計画→実践→評価→改善」のサイクルのことで、もともとは企業などの経営管理において、目標達成を管理するシ

図表1　厚生労働省のPDCAサイクルのイメージ図

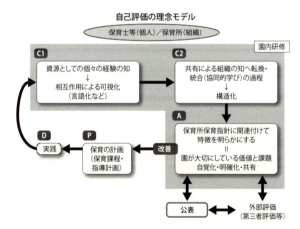

出典：［文部科学省、2011、p.5］より

ステムとして導入されたが、保育や教育にも適用されつつある。保育に導入された「PDCAサイクル」は、保育の計画や実践を見直しながら、子どもの望ましい育ちの方向を見据え、教育、保育目標を達成するための、実践を振り返るシステムとなる。『保育所における自己評価ガイドライン』（以下「ガイドライン」）では**図表1**のように「PDCAサイクル」の保育への導入が提起されている。各項目では、以下の点が求められる。

　Plan（計画）　目標に基づいた計画の立案
　Do（実践）　計画に基づいた実践
　Check（振り返りと評価）　目標に照らした実践の評価
　Action（改善）　課題の自覚化・明確化・共有

「ガイドライン」ではC（振り返りと評価）を細分化し、C1、C2としている。C1では保育者が実践を言語化することで振り返る。振り返りは個人だけでなく、他者の実践を省察し、他者に語ることで職員間の相互作用が促され、多様な観点から、子どもと保育を見直すことが期待される。C2では、C1で行った保育実践の言語化を基に、園内研修などを通じて、保育と子ども理解を組織的に共有する。さらにA（改善）では、共有された理解を、保育指針に基づく評価観点に照らし合わせることで、保育所として重視する価値や課題を、改めて明確化する。また**図表2**に記したように「計画→実践→評価→改善」という循環的なシステムは、一

　　図表2　PDCAサイクルのイメージ図

出典：[厚生労働省、2009] を
　　　基に筆者作成

つのサイクルとして完結するのではなく、そこからより発展していくらせん状の過程を表している。

「PDCAサイクル」を循環させるために必要な資質として、①洞察力：子ども一人ひとりの気持ちを受け止め、個性と心身の育ちの姿を見る目、②省察力：自らを振り返る力量、③保育の改善への意欲——といった3点を挙げることができる。

評価を行う際に注意すべき点として「よい、わるい」といった評価ではなく、第3節で見る「保育カンファレンス」を取り入れながら、視野を広げて子どもの成長を見通し、育ちや可能性を見いだす機会として捉えることが重要である。

3　評価を通して保育の質を高める保育者を目指して

子どもの育ちを援助する保育者の技能を高め、「保育の質」を園全体で高めていくためには、保育者は自己評価を通して子どもに対する理解を深め、保育がよりよいものとなるように考え続けることが重要である。例えば「計画→実践→評価→改善」というPDCAサイクルを取り入れることも求められよう。

しかし、「保育の質」を高めるためには、客観的な記録や数値をまとめ、改善点を提示することにとどまることはできない。保育者自身が、子どもの思いを受け止め、一人の主体として子どもと関わり、それを複数の視点で捉え返すことで、高まっていくだろう。

第2節　評価の方法

1　記録を取ることの意義

子どもたちの降園後、その日の様子や設定保育の実際、保育者である

自分自身の援助や配慮など、振り返りの項目は多岐にわたる。では、一体何のために記録を付けるのか、以下の3点が挙げられよう。①出来事を文章で書きとめることによって、記憶がよみがえり物事を冷静に見つめられる、②見つめることによって、実践を省察し、評価することができる、③保護者と連絡する媒介として記録を活用する［鈴木・佐藤、2012］。

このように保育を振り返り評価し、改善点を洗い出す材料として、日々の記録を継続することが求められる。評価して改善するためには、記録の存在が不可欠である。

2 「日誌」の作成、注意点

日誌を作成する際に、例えば子どもたちの偏食、友人関係、病気やけが、克服したことなど、いつもと違うことがあったときに、記録を付ける習慣を身に付ける。そして記録を通して子どもの課題を明らかにする。書きためた記録を読み返すことで、その子どもの成長した点が明らかとなり、課題となる点も見えてくる。すなわち、課題が鮮明になれば、改善方法を探る手がかりとなり、適切な援助につながる。記録は日誌だけでなく、ビデオ記録や写真記録など、さまざまな媒体で行う。すなわち、記録があって初めて評価の材料を得る。

第3節　学校評価の3形態

学校評価について「幼稚園における学校評価ガイドライン」や、先に見た「保育所における自己評価ガイドライン」により、国によるガイドラインの整備が行われた。学校評価のあり方について、以下の3つの形態にまとめられる。

①自己評価：各学校の教職員が行う評価、②学校関係者評価：保育

者・地域住民などの学校関係者などにより構成された評価委員会などが、自己評価の結果について評価することを基本として行う評価、③第三者評価：学校とその設置者が実施者となり、学校運営に関する外部の専門家を中心とした評価者により、自己評価や学校関係者評価の実施状況を踏まえつつ、教育活動その他の学校運営の状況について、専門的視点から行う評価。

1　自己評価

　自己評価は、①保育者個人で行う自己評価と、②保育施設全体で行う自己評価に分けられる。①では保育者自身の実践と、子どもの育ちを振り返ることによって、次の保育に向けて保育実践を改善していき、保育の質を高めることを目指す。②では子どもの成長発達を支える保育の専門機関として、施設全体の質を高める［鈴木・佐藤、2012］。その際に、後に見る「保育カンファレンス」などを通じて、保育の記録や各自の自己評価を確認し、職員全体で、改善の方向性や具体的な手立てを検討する。そこでは職員一人ひとりが専門性を高めるだけでなく、組織の一員として、施設全体をよりよくするために協力し、課題意識を持って次の保育に生かしていく。そのためには、①子ども一人ひとりの育ちを捉える視点、②保育者自身の保育を捉える視点——といった2つの視点から、課題を捉え返すことが求められる。

　PDCAサイクルを用いて評価を行うときには、指導計画や記録を基に課題を洗い出し、保育の展開を振り返る。振り返りの観点として例えば、①保育計画が、個々の子どもの育ちへの理解に沿っているか、②クラスの子どもたちの興味・関心といった子どもの実態を捉えたものであったのか、③設定したねらいや内容が、子どもたちに適切であったか、④保育環境の設定は適切であったか——などが挙げられる。以上の観点を踏まえ、活動を通じて子どもが学んだことは何か、課題を明確化する。

2　学校関係者評価

　2007年6月の学校教育法改正、同年10月の学校教育法施行規則改正により、幼稚園を含む学校は教育活動といった学校運営を自己評価して公表し、それを保護者など学校関係者によって評価することが努力義務として追加された。この制度は学校が行った自己評価の客観性、透明性を高める目的で導入された。

　学校関係者評価は、保護者や地域住民といった関係者などによって構成した委員会において、各学校の自己評価の結果とその改善方策について評価することを基本とする。その結果を保護者や地域住民に公表するよう努めなければならないとされている。こうした取り組みによって、学校・家庭・地域が自分たちの学校の現状と課題について共通理解を深め、連携をとりつつ改善を図ることが期待されている［森上・柏女、2015］。

3　第三者評価

　保育所における第三者評価について、社会福祉法（2000年8月改定、2014年6月最終改定）の第78条では以下のように規定されている。

> 　社会福祉事業の経営者は、自らその提供する福祉サービスの質の評価を行うことその他の措置を講ずることにより、常に福祉サービスを受ける者の立場に立つて良質かつ適切な福祉サービスを提供するよう努めなければならない。

　この観点から、第三者評価は2002年より始められた。『保育所保育指針解説書』では、第三者評価の意義について以下の2点を指摘する。①第三者評価を受ける事前の自己評価に職員一人一人が主体的に参画することで、職員の意識改革と共同性を高める、②第三者評価結果を利用者へ報告し、利用者との協働体制を構築する、としている。職員の共同

性向上と利用者との協働体制が重視されている。

第4節 保育カンファレンス

1 保育カンファレンスの行い方

　自己評価と第三者評価との中間に位置付くのが、園全体での評価方法である。そこで以下では「保育カンファレンス」を見ていく。カンファレンスとは、もともとは医療や介護現場において、ソーシャルワーカーや医師、カウンセラーなど援助に携わる者が集まって事例を検討し、より適切な判断を求めて専門性を高めていくことを意味した。保育の現場で行われる保育についての話し合いを、森上四朗は稲垣忠彦の「授業カンファレンス」を踏まえて「保育カンファレンス」とした。保育実践後に複数の保育者によって、子どもや保育について振り返り、さまざまな視点を持って検討を行う方法である。保育者間での意見交換によって、保育に対する視野を広げるために、有効な手段である。

　森上は保育カンファレンスを行う際には、以下の5要件に留意する必要があると主張する。①「正解」を求めようとしない、②本音で話し合う、③園長や先輩が、若い人を導くという形にならないようにする、④話し合いにおいて、相手を批判したり、競争しようとしない、⑤それぞれの成長を支え合い育ち合う——こうしたカンファレンスを経て保育の「難しさ」と「奥深さ」、そして「喜び」を共有するスタンスが、参加者全員に共有されなくてはならないと主張する［森上、1996］。

2 保育カンファレンスを実践する差異の留意点

　もちろん、森上の5要件を守ることが「保育カンファレンスの絶対条件である」としてしまうと、狭くて規範的なものになり、取り組みにく

さを感じる人が増えてしまう恐れがある。森上自身も「模範授業」を批判する中で「よいといわれている保育」の考え方や実践が唯一の科学的で正しいものであり、その理論や方法を身に付けようとすることで、「いい保育」という枠組みが自分の中に作られ、それに縛られた考え方しかできなくなるのではないかと批判する。

そのため形式にこだわるのではなく、園ごとの実情に合わせて柔軟に、取り組みを選択することが求められる。保育カンファレンスは、あくまで多角的な視野を得るための手段と、位置づけるのがよいだろう。

【引用・参考文献】

工藤ゆかり「質の高い幼児期の学校教育の実践に向けて－保育カンファレンスを通して」『帯広大谷短期大学紀要』52号、2015年、pp.1-10

厚生労働省『保育所における自己評価ガイドライン』2009年

厚生労働省『保育所保育指針解説書』フレーベル館、2008年

鈴木昌世・佐藤哲也 編『子どもの心によりそう保育・教育課程論』福村出版、2012年

畠山大「教育実践に「マニュアル」はどこまで有効か？」井藤元編『ワークで学ぶ教育学』ナカニシヤ出版、2015年

森上史朗「カンファレンスによって保育をひらく」『発達』第68号、ミネルヴァ書房、1996年

森上史朗・柏女霊峰編『保育用語辞典〔第8版〕』ミネルヴァ書房、2015年

文部科学省『幼稚園新規採用教員研修資料 新しい先生とともに〔2004年改定〕』1998年

文部科学省「幼稚園における学校評価ガイドライン〔平成23年改訂〕」2011年

（山本一生）

【監修者紹介】

谷田貝公昭（やたがい・まさあき）
　　目白大学名誉教授
［主な著書］『絵でわかるこどものせいかつずかん［全4巻］』（監修、合同出版、2012年）、『しつけ事典』（監修、一藝社、2013年）、『実践・保育内容シリーズ［全6巻］』（監修、一藝社、2014～2015年）ほか多数

石橋哲成（いしばし・てつなり）
　　玉川大学名誉教授、田園調布学園大学大学院教授
［主な著書］『ペスタロッチー・フレーベル事典』（共編著、玉川大学出版部、2006年）、『ペスタロッチー・フレーベルと日本の近代教育』（共著、玉川大学出版部、2009年）、『新版・保育用語辞典』（共編著、一藝社、2016年）ほか多数

【編著者紹介】

高橋弥生（たかはし・やよい）
　　目白大学人間学部教授
［主な著書］『しつけ事典』（編集代表、一藝社、2013年）、『健康』（実践 保育内容シリーズ、編著、一藝社、2014年）、『データでみる幼児の基本的生活習慣』（共著、一藝社、2007年）ほか多数

大沢　裕（おおさわ・ひろし）
　　松蔭大学コミュニケーション文化学部教授
［主な著書］『保育者養成シリーズ・教育原理』（単編・共著、一藝社、2012年）、『幼稚園と小学校の教育－初等教育の原理』（共著、東信堂、2011年）、『新・保育内容シリーズ・人間関係』（共編著、一藝社、2010年）、『ペスタロッチー・フレーベル事典』（共著、玉川大学出版部、2006年）ほか多数

【執筆者紹介】（五十音順）

大沢　裕（おおさわ・ひろし）　　　［第4章］
　〈編著者紹介参照〉

小尾麻希子（おび・まきこ）　　　［第5章］
　武庫川女子大学文学部専任講師

岸　優子（きし・ゆうこ）　　　［第7章］
　華頂短期大学教授

佐藤　恵（さとう・めぐみ）　　　［第14章］
　目白大学人間学部講師

澤田裕之（さわだ・ひろゆき）　　　［第13章］
　信州豊南短期大学専任講師

高橋弥生（たかはし・やよい）　　　［第1章］
　〈編著者紹介参照〉

田村佳世（たむら・かよ）　　　［第6章］
　愛知文教女子短期大学専任講師

鳥越ゆい子（とりごえ・ゆいこ）　　　［第11章］
　帝京科学大学こども学部講師

内藤由佳子（ないとう・ゆかこ）　　　［第3章］
　甲南女子大学人間科学部准教授

西　智子（にし・ともこ）　　　［第8章］
　日本女子大学家政学部特任教授

馬場結子（ばば・ゆうこ）　　　　［第9章］
　　帝京短期大学教授（平成29年4月1日付）

前田和代（まえだ・かずよ）　　　　［第10章］
　　彰栄保育福祉専門学校専任講師

山本一生（やまもと・いっせい）　　［第15章］
　　上田女子短期大学専任講師

山本佳子（やまもと・よしこ）　　　［第12章］
　　中国学園大学子ども学部教授

李　　霞（り・か）　　　　　　　　［第2章］
　　滋賀短期大学講師

コンパクト版保育者養成シリーズ
教育・保育課程論

2017年3月20日　初版第1刷発行

監修者　谷田貝 公昭・石橋 哲成
編著者　高橋 弥生・大沢　裕
発行者　菊池 公男

発行所　株式会社 一藝社
〒160-0014　東京都新宿区内藤町1-6
Tel. 03-5312-8890　Fax. 03-5312-8895
E-mail : info@ichigeisha.co.jp
HP : http://www.ichigeisha.co.jp
振替　東京 00180-5-350802
印刷・製本　シナノ書籍印刷株式会社

©Masaaki Yatagai, Tetsunari Ishibashi 2017 Printed in Japan
ISBN 978-4-86359-118-9 C3037
乱丁・落丁本はお取り替えいたします

一藝社の本

実践 保育内容シリーズ［全6巻］
*各巻平均184頁

谷田貝公昭◆監修

《保育内容各領域のポイントを精選。コンパクトで使いやすい新シリーズ！》

1 健康
谷田貝公昭・高橋弥生◆編

A5判　並製　定価（本体2,000円＋税）　ISBN 978-4-86359-072-4

2 人間関係
小櫃智子・谷口明子◆編著

A5判　並製　定価（本体2,000円＋税）　ISBN 978-4-86359-073-1

3 環境
大澤 力◆編著

A5判　並製　定価（本体2,000円＋税）　ISBN 978-4-86359-074-8

4 言葉
谷田貝公昭・廣澤満之◆編

A5判　並製　定価（本体2,000円＋税）　ISBN 978-4-86359-075-5

5 音楽表現
三森桂子・小畠エマ◆編著

A5判　並製　定価（本体2,000円＋税）　ISBN 978-4-86359-076-2

6 造形表現
おかもとみわこ・石田敏和◆編著

A5判　並製　定価（本体2,000円＋税）　ISBN 978-4-86359-077-9

ご注文は最寄りの書店または小社営業部まで。小社ホームページからもご注文いただけます。